OCTAVE GALTIER

DOCTEUR ÈS-SCIENCES POLITIQUES

ETIENNE DOLET

VIE — ŒUVRE

CARACTÈRE — CROYANCES

PARIS
ERNEST FLAMMARION, ÉDITEUR
26, RUE RACINE, 26

ÉTIENNE DOLET

Vie - Œuvre - Caractère - Croyances

Statue d'Étienne Dolet

Octave GALTIER

Docteur ès-sciences politiques

ETIENNE DOLET

Vie - Œuvre

Caractère - Croyances

PARIS
ERNEST FLAMMARION, ÉDITEUR
26, RUE RACINE, 26

Droits de traduction et de reproduction réservés pour tous les pays,
y compris la Suède et la Norvège.

AVANT-PROPOS

La vie d'Étienne Dolet offre un double intérêt : elle est remplie d'incidents dramatiques et reflète fidèlement une époque.

Elle s'écoule dans la première moitié du xvie siècle, si féconde et si troublée. L'admirable invention de l'imprimerie révolutionne le monde. La découverte des trésors de la pensée antique correspond à un magnifique mouvement dans les lettres, les sciences et les arts. Les règles d'Aristote apparaissent enfin surannées ; on examine, on réfléchit, et la scolastique chancelle. L'émancipation intellectuelle préparait l'émancipation physique.

Étonnés et ravis, des hommes d'élite entrevoient la dignité de l'esprit humain endormi dans une tutelle archi-séculaire. Leur voix s'élève contre la tradition et la routine, pour la libre recherche contre le principe d'autorité.

Ce n'est pas un balbutiement, mais une haute et courageuse protestation. Elle peut sembler vaine, à n'envisager que les résultats immédiats; mais elle constituait alors une hardiesse si périlleuse, une nouveauté si grande, qu'elle mérita en partie le beau nom de Renaissance.

La vie de Dolet, qui constitue un épisode important de cette époque où le grandiose se mêle sans cesse à l'exécrable, mérite que l'on s'y arrête.

J'ai essayé de reconstituer avec bonne foi la physionomie d'un auteur dont la mémoire n'a eu que des juges passionnés, excessifs dans la louange comme dans le blâme. Puisse mon étude, résultat d'un patient travail, être lue avec le même attachement que j'ai mis à l'écrire.

J'ai consulté tous les documents que la critique possède sur Dolet, et lu, sinon analysé, ses nombreux ouvrages. Plusieurs sont étendus, de pure érudition et écrits en latin, défauts peu pardonnés aujourd'hui et qui nuisent étrangement à la popularité d'un écrivain.

Ayant médité sans parti pris la vie et l'œuvre de Dolet, j'ai tâché, dans le même esprit, d'écrire mon sentiment sur l'*homme* et sur l'*écrivain*.

Il y a des incertitudes dans quelques événements de son existence. Je me suis efforcé de les lever, sans y avoir chaque fois réussi. Du moins, j'ai toujours évité d'affirmer sans preuves suffisantes. Il n'est pas possible, notamment, d'élucider jusqu'au bout son affaire avec le peintre lyonnais Compaing, ni de rapporter d'une manière certaine les paroles qu'il a proférées avant de monter sur le bûcher. Les pièces décisives ont disparu. Mais s'il est difficile de se prononcer, dans certains cas, avec une entière assurance, je crois cependant avoir réuni assez de documents inédits pour présenter une image à la fois nouvelle et précise de la vie de Dolet, et pouvoir apprécier, avec de grandes chances de vérité, sa personnalité morale.

Quant à son talent, l'étude de ses œuvres nous en donnera la mesure. J'ose dire que personne, jusqu'ici, n'en avait fait une critique désintéressée et quelque peu approfondie.

On n'adoptera peut-être pas unanimement mes conclusions, mais je croirai n'avoir pas écrit en vain les pages qui suivent, si elles fortifient quelques esprits dans l'amour de la tolérance.

O. G.

PREMIÈRE PARTIE

La Vie

ETIENNE DOLET

I

LES DÉBUTS

Au pied de la montagne Sainte-Geneviève, non loin de Notre-Dame de Paris, se dresse la statue d'Etienne Dolet. Le monument a été élevé sur la place Maubert, à l'endroit où l'écrivain fut suspendu au gibet et brûlé (1).

Dolet montre un visage sévère, presque farouche. Son attitude humilie et brave ses accusateurs. Tandis qu'il tend ses mains enchaînées vers le bourreau, son front résolu décèle la fermeté d'un cœur inébranlable devant la mort.

(1) La statue, œuvre du sculpteur Guilbert, a été inaugurée le 19 mai 1889.

Hautain, le condamné cède à la force. Il livre son corps, mais garde sa pensée. On sent bien qu'il ne se répandra pas en lamentations contre la barbarie de ses juges ; il préfère leur montrer l'inanité de leur œuvre : « Ma chair vous appartient, mais la pensée inviolable vous échappe. Entre nous la postérité décidera ».

L'étude que l'on va lire est précisément destinée à faciliter en toute impartialité le jugement du public dans cette pénible affaire.

Etienne Dolet naquit à Orléans en 1509, et probablement le 3 août (1). Nous n'avons pas de renseignements sur ses parents qui étaient sans doute peu fortunés et qu'il perdit de bonne heure.

Une légende que nous ne nous attarderons pas à réfuter, le représente comme fils naturel de François Ier, et d'une Orléanaise du nom de Cureau. Il suffit de faire observer qu'en août 1509, François Ier n'avait pas encore 15 ans, puisqu'il était né le 12 septembre 1494.

Dolet quitta très jeune sa ville natale, où il y avait, dit Rabelais « force rustres d'écoliers passés maîtres au jeu de paume ».

(1) *Le Laboureur* : Additions aux mémoires de messire Michel de Castelnau (1569), t. I, p. 356.

Vers l'âge de douze ans il étudiait à Paris (1).

Attiré par les lettres, on le voit suivre à seize ans les cours de rhétorique de Nicolas Bérauld (2). Puis, il va achever son éducation en Italie, dans la célèbre université de Padoue, où il écoute tout spécialement les leçons de littérature latine d'un maître chéri dont il parlera souvent, Simon de Villeneuve (3). Il demeure trois ans dans cette faculté et ne tarde pas à se faire remarquer par son intelligence, sa fiévreuse ardeur au travail et ses progrès en éloquence latine. Il fréquente les poètes et les artistes, fastueusement accueillis par le Mécène de l'endroit, Bembo, qui devint, en dépit de ses théories épicuriennes, co-secrétaire avec Sadolet, du pape Léon X. Il est à peu près certain que l'étudiant connut Michel de l'Hôpital, arrivé en 1525 à Padoue, où il suivit les cours de droit pendant six ans.

S'étant arrêté dans cette ville, Jean de Langeac (4), évêque de Limoges, chargé en 1529

---

(1) Lettre de Dolet à Budé. *Orationes duæ in Tholosam,* pp. 103 à 107.

(2) Nicolas Bérauld (1473-1550), fut le précepteur des trois frères, le cardinal Odet de Coligny, l'amiral Gaspard de Coligny et le général François d'Andelot. Ses ouvrages sont tombés dans l'oubli.

(3) Il se faisait appeler Villanovanus. C'était une mode générale chez les humanistes de latiniser leur nom.

(4) Jean de Langeac occupa d'abord l'évêché d'Avranches, puis

d'une ambassade auprès de la puissante et somptueuse république de Venise, fut séduit par la jeune réputation de Dolet et le prit comme secrétaire. C'était pour l'étudiant une bonne fortune. A peine âgé de vingt-et-un ans, pauvre, roturier et sans protecteurs, il occupe d'emblée des fonctions délicates et recherchées, les mêmes que Jean-Jacques Rousseau devait remplir également à Venise deux siècles plus tard.

Dolet s'acquitte bien de son emploi, que le prestige de son nom seul lui avait valu. Mais les lentes négociations, les manœuvres de la politique, la dissimulation et les feintes lui déplaisent. Cet adolescent a d'ailleurs d'autres projets : il rêve déjà de gloire littéraire, et les honneurs officiels ne l'éblouissent pas. N'a-t-il pas, depuis plusieurs mois, ébauché l'œuvre énorme qui, publiée plus tard à Lyon, établira sa renommée ? Aussi emploie-t-il les loisirs de sa charge à entendre et à méditer les leçons de Baptiste Egnazio (1) sur Lucrèce et Cicéron (2).

de Limoges. Très en faveur à la cour, il devint grand-aumônier du roi et ambassadeur. Il mourut en 1541.

(1) Jean-Baptiste Cipelli, dit Egnazio (Egnatius) — 1473-1553, porta l'habit ecclésiastique et enseigna l'éloquence latine avec succès. Il a laissé des ouvrages aujourd'hui sans intérêt.

(2) Voir *Commentaria linguæ latinæ*. T. I, colonne 1156.

La mission de Jean de Langeac prend fin au bout d'une année. Dolet rentre en France et se livre sans partage à des recherches d'érudition que la mort seule viendra interrompre. Il réunit les matériaux de son œuvre principale : *Les Commentaires de la langue latine*. Selon le témoignage de ses contemporains, il est laborieux jusqu'à l'épuisement.

Mais il n'a pas assez compté que de tels travaux sont peu lucratifs et le voilà bientôt aux prises avec la nécessité. Il doit songer à prendre un état. Sur les conseils de l'évêque et ambassadeur Jean de Langeac, qui lui a gardé une excellente amitié, il se décide à suivre la carrière du droit.

II

TOULOUSE
PREMIER EMPRISONNEMENT

Vers le commencement de 1532 (1), il se fait inscrire à l'Université de Toulouse. Grâce aux largesses du prélat-diplomate Jean de Langeac, il résidera plus de deux années dans cette ville.

(1) Nous employons le nouveau style pour les dates; nous les rétablissons lorsqu'il y a lieu, selon le calendrier grégorien. Il faut se souvenir, en effet, que, jusqu'en 1564, l'année ne commençait pas au 1er janvier, mais à Pâques. L'ordonnance de janvier 1564 sur l'administration de la justice et de la police, due au grand-chancelier Michel de l'Hopital, et signée par Charles IX, à Roussillon, dans le Dauphiné, porte, dans son article 39 et dernier : « Voulons et ordonnons qu'entre tous actes, registres, instruments, contrats, ordonnances, édits, lettres, tant patentes que missives, et toutes écritures privées, l'année commence dorénavant et soit comptée au premier de ce mois de janvier ». Cette réforme ne fut définitivement adoptée qu'en 1567.

Dolet, déjà connu comme un fin lettré et un érudit, est bien accueilli à Toulouse. Les écoliers de la nation française, c'est-à-dire originaires d'au-delà de la Loire, le choisissent comme orateur de leur groupe. Ce titre va causer ses premiers déboires.

L'Université toulousaine comprenait pour le droit (canon et civil), la médecine, les arts et la théologie, quatre facultés célèbres dans le monde civilisé. Les chaires étaient occupées par vingt docteurs-régents. Les écoliers accouraient en foule de tous les pays d'Europe; on en comptait dix mille en 1530. Ils se formaient en associations selon leur nationalité. Français, Aquitains, Espagnols, Romains, etc., s'assemblaient en autant de sociétés distinctes. Chacune d'elles élisait un chef, des questeurs, un trésorier et un orateur chargé de prononcer un discours dans les circonstances solennelles et notamment le jour de la fête du saint que le groupe avait pour patron.

Les étudiants, race exubérante, se livraient parfois à des désordres. En rassemblements tumultueux, ils parcouraient les rues, molestaient les bourgeois, se battaient en duel. Malgré les règlements, ils sortaient après le couvre-feu, portaient des masques et des armes. A l'occasion de quelques échauffourées avec les sergents du guet, le Parlement prononça la dissolution des sociétés d'écoliers.

L'arrêt causa une grande effervescence, surtout parmi les Français. On décide de protester. Dolet se charge d'exprimer publiquement l'indignation générale. Il prononce en latin un grand discours plein de termes véhéments, acerbes et comme faits à plaisir pour irriter les magistrats du lieu.

Au début de la harangue, le ton est calme ; mais bientôt l'orateur s'échauffe et accable les Toulousains d'imprécations. Il oubliait un peu qu'il était leur hôte. Sans doute applaudi, il enfle encore la voix et se prend à son propre feu. Il n'est plus maître de son sujet, perd toute mesure et s'embourbe dans les invectives. Quelques exemples : « ..... Il y a en eux (les Toulousains) un reste de la grossièreté et de la sauvagerie des peuples les plus barbares... (1) ».
« ..... Les conseillers au Parlement nous retirent, au mépris de la justice de Dieu et des hommes, le droit de réunion et les joies de l'amitié. Qui ne verrait là les extravagances de gens pris de vin (*vinolentorum somnia*), plutôt

---

(1) *Orationes duæ in Tholosam*, p. 7.

qu'un arrêt rendu par des juges sobres (*siccorum edicta*)? N'est-ce pas un débordement de fous furieux, plutôt qu'un décret inspiré par la sagesse? Qu'ils nous produisent donc, ces hommes qui s'attribuent le droit de maintenir l'ordre, soit une loi des douze Tables, soit un rescrit, un décret du préteur, une coutume, un sénatus-consulte, un plébiscite, un édit qui ait jamais interdit une honnête association d'amis... (1) ».

Il est malaisé d'imaginer l'émotion que souleva un tel langage jusque-là inouï. Un jeune étranger, de talent réputé, il est vrai, osait critiquer, bien pis, braver et injurier du haut d'une estrade, devant un public stupéfait et amusé, la plus puissante corporation du royaume après le Parlement de Paris, la plus fermée, la plus fière de son autorité, de la richesse et de la science de ses membres presque tous intègres et pétris de gravité. Présidents à mortier et simples conseillers ne sont pas seulement des juges souverains, vêtus de pourpre et d'hermine, mais de hauts administrateurs, dépositaires d'une part considérable du pouvoir exécutif. Leur assemblée constitue à la fois un

---

(1) *Orat. duæ in Thol.*, p. 10.

tribunal suprême, un Conseil d'Etat, une sorte de Sénat, et leurs attributions étaient si fortes qu'ils osèrent parfois, ainsi que nous le verrons plus tard, résister aux ordres du roi lui-même !

Aussi le Parlement était respecté et redouté. En l'attaquant avec une telle véhémence, Dolet s'exposait aux pires dangers. De nos jours, l'outrage aux magistrats ou même aux plus humbles agents de la force publique entraîne de rigoureuses pénalités. Au xvie siècle, il était autrement redoutable de bafouer d'aussi hauts personnages que les conseillers au Parlement.

Fait remarquable et qui déroutait les prévisions les plus optimistes, aucune mesure de rigueur ne fut prise contre l'enflammé discoureur. Les magistrats adoptèrent le parti le plus spirituel : ils feignirent de tout ignorer.

L'algarade était oubliée lorsque Dolet, enhardi peut-être par tant d'indulgence, redoubla ses critiques.

Un étudiant, orateur de la nation des Aquitains, Pierre Pinache (ou *Pinachius*), se leva pour prendre la défense des Toulousains et de leurs juges. Il accusa son adversaire d'un double crime : excitations à la révolte et offenses inexpiables envers la majesté du Parlement. Dans ses conclusions, il réclamait un châtiment suprême. Ce gai compagnon indique même plusieurs modes d'exécution, sans manifester ses préférences : on devait soit décapiter Dolet, soit le précipiter du haut d'un rocher, ou encore le coudre dans un sac et le jeter dans la Garonne ! (1)

Au lieu de l'effrayer, de telles menaces excitèrent son ardeur. Il résolut de répondre et composa à loisir un long discours latin qu'il prononça devant un nombreux auditoire. Les uns étaient venus pour le plaisir d'entendre de belles périodes latines, savamment ordonnées ; d'autres, par curiosité, croyant à une simple querelle d'orateurs et se promettant de compter les coups. Quelques-uns, mieux informés, savaient que le débat serait plus élevé et que Dolet aborderait des questions d'ordre général et très délicates.

En effet, après avoir accablé Pinache sous un flot de qualificatifs malsonnants et multiplié de rudes épithètes à l'égard des conseillers au Parlement, il ridiculisa avec une audace inattendue certaines pratiques superstitieuses en

---

(1) *Orat. duæ in Thol.*, p. 34.

honneur à Toulouse, et flétrit plusieurs décisions récentes de l'Inquisition.

Rien n'était plus téméraire que de toucher à cette intraitable gardienne du dogme, farouche jusqu'à condamner des cadavres (1) et incendier des maisons qui avaient abrité des hérétiques. Les plus braves se taisaient devant elle. Dolet se lançait dans une aventure qui pouvait le mener tout droit au bûcher. Mais cette considération même ne l'arrêta pas, et, par esprit d'humanité, par amour de la tolérance, soutenu aussi par une grande fougue naturelle, il parla avec une générosité d'autant plus louable qu'il n'ignorait rien des périls extrêmes auxquels il s'exposait.

Il avait vu, à Padoue et à Venise, régner une liberté à peu près absolue. On y discutait librement les doctrines les plus hardies. Les sceptiques étaient légion et tout le monde souriait. Dans ce milieu à la fois raffiné et corrompu, il avait fait l'apprentissage d'une indépendance qui n'était plus de mise à Toulouse. A peine arrivé, il avait été contraint de s'en

---

(1) Vingt ans après sa mort, Pierre de Saissac, vicomte de Fenouillèdes ayant été déclaré hérétique, ses restes furent exhumés et brûlés. Il en fut de même du médecin Gonzalès Molina, déterré et brûlé à Toulouse en 1511.

apercevoir. Quelle ne dut pas être sa tristesse en découvrant que la ville *où l'on enseignait le plus de droit était celle où l'on pratiquait le moins de justice.*

Toulouse, jadis visitée par Virgile, venu pour y apprendre l'astronomie, célébrée par Martial Ausone, Sidoine Apollinaire et Saint-Jérôme, qui la nommèrent *Cité Palladienne, opulente et quintuple,* la *Rome de la Garonne,* était déchue de son ancienne prospérité. Elle se souvenait à peine d'avoir été la ville la plus policée de la Gaule et la capitale du royaume des Wisigoths. La splendeur de la cour de ses comtes souverains était depuis longtemps abolie. Abbayes et couvents remplacent les cours d'amour dans la *ville sonnante.* On compte cent églises ou chapelles, dix-huit monastères d'hommes, possesseurs d'immenses biens, quatorze couvents de femmes, neuf abbayes voisines. Partout des ex-voto, des calvaires, des statues et des vierges. Sans cesse des pénitents noirs, blancs ou bleus, parcourent les rues.

Depuis trois siècles (1) les Dominicains y

---

(1) Saint Dominique fonda le premier couvent des frères prêcheurs en 1215 et l'Inquisition fut établie, à Toulouse, comme tribunal permanent dès 1283.

avaient établi l'Inquisition et le siège ordinaire de l'Inquisiteur général de la foi sur tout le royaume de France, *député du Saint-Siège* et qui se qualifiait aussi de *conseiller du roi notre Sire*.

Il y avait bien encore à Toulouse des poètes, des savants et des artistes. Les jeux floraux, sous l'invocation de Clémence Isaure, donnaient lieu à une grande fête au retour du printemps. Tout le prix et le charme de la vie n'avaient pas disparu, mais partout l'Inquisition veillait, prête à faire réprimer par la force l'indépendance de l'esprit. Chaque manifestation de pensée est jalousement contrôlée. L'Université, comblée cependant de privilèges, ne peut subsister qu'en affirmant une orthodoxie rigoureuse qui impose d'étroites bornes à son enseignement. La théologie, considérée comme la première et la plus honorée des sciences, sert de base à toutes les autres.

L'Eglise, maîtresse absolue des consciences, voulait saisir tout l'homme. Il faut obligatoirement saluer les effigies pieuses et s'agenouiller aux angelus. On expie en prison un jurement ou l'inobservance du jeûne et du carême. Les blasphémateurs sont enfermés dans une cage de fer et plongés dans le fleuve (1), ou bien mis à la torture et pendus.

La foi s'égare da ; de puériles superstitions. Le clergé organise de solennelles processions pour immerger une croix dans la Garonne, en vue de prévenir les inondations. Lors de la fête annuelle de Saint-Georges, les chevaux assistent aux offices dans la cathédrale Saint-Étienne et reçoivent la bénédiction après avoir parcouru neuf fois l'enceinte de l'église. Pour conjurer la famine et la peste qui déciment périodiquement la ville, les capitouls, revêtus de leurs insignes, se rendent en pompe dans les cryptes de la basilique de Saint-Sernin où sont conservées de nombreuses reliques, prosternent leur front sur les dalles, récitent des vœux et déposent de riches offrandes sur les châsses les plus en faveur (2).

De pareilles cérémonies choquaient profon-

---

(1) On conserve encore, à Toulouse, dans les bâtiments de l'arsenal, une cage de fer qui servait à cette barbare opération.

(2) Lafaille. *Annales de la ville de Toulouse*. 1701, tome 2, p. 67. La vénération pour les reliques conservées à Saint-Sernin s'étendait bien au-delà de Toulouse. François Ier, captif et malade à Madrid, en 1525, fit le vœu de venir prier devant les reliquaires. Délivré, il manqua à sa promesse et se contenta de charger Jacques de Minut, premier président du Parlement, d'exécuter le vœu à sa place. Ce magistrat déposa pour le roi, sur l'autel de la chapelle du Saint-Esprit, six gros cierges de cire, semés de fleurs de lys d'or.

dément Dolet. Heureux encore si la superstition ne lui eût causé que de l'étonnement ! Mais quelle pitié infinie ne dut-il pas éprouver lorsque, nouveau venu à Toulouse, il assista aux sauvages exécutions publiques qu'ordonnait le fanatisme. L'un de ces affreux spectacles le pénétra d'horreur. Le 23 juin 1532, il vit monter sur le bûcher, en expiation d'un simple délit d'opinion, *Jean de Caturce*, qui professait les Pandectes à la faculté de droit.

Le jour des rois, Caturce se rendit à Limoux, sa ville natale, et participa à une fête d'amis. Au traditionnel « *le roi boit* », il répondit par une formule de tournure protestante : « *Que Christ, le vrai roi, règne dans nos cœurs* ». Puis, au lieu des gais discours habituels, chacun proposa une parole de l'Ecriture. L'autorité ecclésiastique, avertie par un rapport secret, ordonna l'arrestation du professeur qui fut enfermé dans les cachots du Saint-Office. Ayant refusé de rétracter ce que ses opinions avaient de contraire à l'orthodoxie, l'Inquisition (1) le livra au bras séculier. C'était l'envoyer au supplice.

On le mena d'abord en place Saint-Étienne. Exposé sur un échafaud, il fut destitué de

---

(1) Sa devise était : *Unus Deus, una fides.*

ses titres et vêtu en bouffon. Le « *mystère* » dura trois heures. Un dominicain, monté en chaire, fit un long sermon sur la religion catholique. Le patient qui, d'après Merle d'Aubigné (1), aurait victorieusement réfuté les arguments du moine jusqu'à le couvrir de confusion, fut ensuite conduit au Château-Narbonnais où le Parlement prononça l'arrêt de mort, selon l'atroce rigueur des lois, tandis que le condamné s'écriait : « O palais de l'iniquité! ô siège de l'injustice » !

On dressa le bûcher sur la place du Salin. Jean de Caturce mourut plein de calme en exhortant le peuple (2).

Cette exécution n'apaisa pas le zèle des fanatiques. L'inquisiteur de la foi, frère Raymond de Gossin, appuyé du grand-vicaire et de l'official de l'archevêque, Jean d'Orléans, avait dénoncé de nombreux huguenots ou prétendus tels (3). Une phrase d'un de ses réqui-

(1) *La Réforme au temps de Calvin.*
(2) « Le même jour de l'exécution de Caturce, dit Lafaille (*Annales de Toulouse*, t. II, p. 78), un prêtre fut condamné pour les mêmes erreurs à tenir prison toute sa vie dans la ville de Carcassonne. Le même jour aussi, vingt autres de ces misérables égarés furent échafaudés et prêchés publiquement dans la place de Saint-Étienne, de la même manière que l'avait été Boissoné. On voit par là le grand progrès que le luthérianisme avait fait dans Toulouse ».
(3) De Lamothe-Langon. *Histoire de l'Inquisition en France.*

sitoires résume dans un laconisme tragique, ses furieuses dispositions : « *L'hérésie est une gangrène qui gagne toujours; l'unique remède à ce mal est l'extirpation des membres gâtés* ».

Mis en demeure d'agir, le Parlement donna l'ordre aux sénéchaux du ressort d'arrêter tous les suspects (1) (31 mars 1532). Il se trouva parmi eux d'assez hauts personnages et plusieurs clercs. Deux professeurs, un « *tonsuré* » et un « *laïc* », Mathieu Pac et Othon, ne durent leur salut qu'à une fuite rapide. On les exécuta en effigie.

Un excellent ami de Dolet, Jean de Boyssoné (ou de Boysson), docteur-régent, le plus aimé et le plus érudit des professeurs de droit de l'université, fut emprisonné. L'événement causa de l'effervescence parmi les étudiants. Boyssoné appartenait à une famille influente, maîtresse des seigneuries de Mirabel, Montmaur et Beauteville. Très riche, il se montrait d'une grande générosité envers les écoliers pauvres. Il donna notamment des subsides, pour lui permettre de se rendre en Italie, au fameux latiniste *Pierre Bunel*, soupçonné

---

(1) Dubédat. *Histoire du Parlement de Toulouse.*

d'hérésie et expulsé, pour ce fait, de Toulouse.

En osant incarcérer Jean de Boyssoné, l'Inquisition fit éclater sa puissance et frappa tous les esprits. Elle fut d'ailleurs encouragée dans ce procès par les collègues eux-mêmes du professeur qui déposèrent contre lui. Il avait soulevé les colères et les haines de ces cuistres, en essayant de délivrer le droit de la scolastique. Les pédants d'école déclarèrent haïssable et révolutionnaire son timide essai d'étudier les Pandectes dans le texte, au lieu de disserter sur les gloses des commentateurs.

Jean de Boyssoné fut condamné à abjurer publiquement. Pour sauver son existence, il dut subir cette humiliation. On dressa en grand appareil un échafaud et une chaire près de la cathédrale (1). Le professeur, en robe grise, la tête complètement rasée, lut, à genoux, une longue rétractation et subit une injurieuse réprimande. L'inquisiteur termina en disant *« que l'on brûlait les luthériens et que par faveur insigne on lui laissait la vie, bien qu'on lui ôtât ses biens, sa maison, sa place et son honneur ».*

---

(1) Lafaille. *Annales de Toulouse*, t. II, pp. 76-77.

Afin de donner plus d'éclat et de retentissement à la cérémonie, toutes les autorités laïques y assistaient.

Perdu dans la foule, Etienne Dolet suivit toutes les phases du douloureux spectacle. Il en conçut une tristesse et une indignation telles que, malgré le danger, il eut la noblesse de ne point les contenir. Il attendit quelque temps, il est vrai, mais sa protestation fut retentissante. C'est à l'occasion de sa réponse à Pierre Pinache qu'il publia son sentiment.

Pressé par ses amis de répliquer à l'étudiant toulousain, Dolet, qui brûlait d'ailleurs d'avoir le dernier mot, prononça, vers le mois de septembre 1533, son second discours. Il faut s'y arrêter parce que l'orateur, après avoir épuisé les questions personnelles, élargit le débat. Ses digressions dans le domaine religieux offrent un intérêt qui n'est pas encore épuisé.

Il attaque d'abord son contradicteur avec plus de violence que de bon goût : « … Qui se pose, dit-il, comme le champion de la dignité du Parlement ? Qui prétend venger ses décrets ?… C'est toi, Pinache ? Approche un peu ! fais-nous peur avec tes yeux enfoncés et farouches, avec ta face de rustre, ta barbe inculte et ta bouche impudente. Accable-moi de tes propos infâmes ! fais-moi jeter en prison et charger de chaînes... (1) ». Ailleurs, il l'appelle « *le plus sot des hommes* », « *détracteur imbécile* », « *rhéteur ignorant et grossier* ».

On peut trouver cette ironie lourde et ces sarcasmes excessifs. Ils ne durent cependant pas offusquer outre mesure les auditeurs. L'urbanité, au début du xvie siècle, n'était pas encore de mise, et l'on tolérait très aisément des libertés de langage aujourd'hui inadmissibles. Certains polémistes en ont toutefois conservé la tradition.

Dolet avait encore une excuse, celle de la jeunesse, et l'on ne peut s'étonner qu'une querelle oratoire entre étudiants ne soit pas un modèle de grâce et de modération.

La suite du discours fait d'ailleurs pardonner cette faiblesse à l'orateur.

Pour répondre aux accusations qui circulaient déjà, il se défend avec force d'acquiescer aux théories de Luther. Nous rapporterons plus loin les termes mêmes de ce passage qui nous aidera à analyser les convictions de Dolet. Il vitupère les doctrines nouvelles et affirme

---

(1) *Orat. duæ in Thol.*, p. 34.

son attachement « *à la foi des ancêtres* ». Mais cette déclaration d'orthodoxie, il ne la fait que pour flétrir, avec plus d'assurance et d'autorité, les sentences de l'Inquisition.

Au risque de partager le misérable sort de Jean de Caturce, il s'élève contre la condamnation du professeur et la qualifie d'*iniquité, de cruauté, de suprême injustice prise pour le souverain droit. (Summa injuria pro summo jure)* (1).

La véhémence du langage revêt ici un caractère de vraie grandeur : elle traduit les mouvements d'un cœur magnanime et résolu. Il fallait une fermeté peu commune pour oser blâmer deux autorités souveraines, l'Inquisition (2) et le Parlement. L'exemple de cette protestation, que son objet rendait infiniment louable, est d'une hardiesse bien rare au xvie siècle, et l'on doit pardonner des erreurs à un homme qui, pour proclamer des idées généreuses, ne craignait pas de s'exposer aux pires aventures. Il était beau de voir, dans une ville comme Toulouse, rendez-vous de savants, de lettrés et d'artistes, un jeune étudiant de

---

(1) *Orat. duæ in Thol.*, p. 56.

(2) L'Inquisition ne fut définitivement déchue, en France, de ses derniers pouvoirs, qu'en 1772.

vingt-quatre ans se dresser seul contre son siècle, le dominant de toute la hauteur de son courage et de l'élévation de sa pensée, jouant sa vie pour la cause de la tolérance et de l'humanité.

Cependant, si Dolet réprouve le supplice de Jean de Caturce et les poursuites dirigées contre Jean de Boyssoné, Mathieu Pac et Othon (1), il n'élargit pas sa belle protestation jusqu'à poser le principe de la liberté de conscience. Sa pensée n'allait-elle pas aussi loin? ou bien, est-ce par un reste de prudence qu'il ne l'a point divulguée tout entière? Il est difficile de le discerner exactement. Dans son discours, il ne plaide pas l'innocence de Jean de Caturce et c'est moins un acquittement qu'il demande en faveur des hérétiques, qu'un adoucissement dans les peines. Il ne conteste pas précisément au Saint-Office le droit de poursuivre et de châtier les luthériens, mais il s'élève plutôt contre l'inexorable rigueur des juges. Il n'examine pas la légitimité des poursuites; il se contente de demander dans l'application de la loi, plus d'indulgence et de pitié.

---

(1) *Orat. duæ in Thol.*, p. 59.

Ce qui l'irrite surtout, à propos de Jean de Caturce, c'est que l'on ait manqué de douceur et que l'on n'ait pas permis au professeur de revenir « *dans les voies de la raison, après son erreur* » *(post erratum).*

« Doit-on fermer, s'écrie-t-il, le chemin du salut à celui qui se repent? Ne savons-nous pas que nous sommes tous sujets à nous tromper et à déchoir, mais que, seul, l'ignorant persévère *dans l'erreur...* (1) »

On devine toutefois que Dolet n'est pas loin de prendre pour un entêtement assez inutile le courage de l'accusé qui refuse d'incliner sa foi devant l'autorité. Il paraît regretter que Caturce se soit obstiné dans ses doctrines, et laisse entrevoir qu'un sage, persécuté pour ses opinions métaphysiques, peut, surtout si son existence est en jeu, rétracter sans déchoir.

Dolet examine ensuite, avec la volonté de les discréditer, certaines cérémonies locales, périodiquement célébrées et dont nous avons déjà parlé. Il les représente comme de ridicules et grossières pratiques, héritage des religions barbares.

« ... Toulouse prétend niaisement posséder

---

(1) Orat. duæ in Thol., p. 56.

seule la vraie foi et veut passer pour le flambeau et la gloire de la religion catholique... Cette ville professe encore un culte chrétien à peine ébauché, où se retrouvent de sottes superstitions dignes des Turcs. Que dire, en effet, de la cérémonie répétée tous les ans à la fête de Saint-Georges? Des chevaux, admis dans le temple, en font neuf fois le tour, tandis que l'on récite des prières pour eux? A quoi peut bien servir de plonger une croix dans la Garonne, à des époques fixes, comme pour apaiser un Eridan, un Danube, un Nil ou le père Océan? Que signifient ces prières au fleuve pour lui demander un cours paisible ou prévenir les inondations? Comment peut-on admettre de faire promener par des enfants, dans la ville, les troncs vermoulus de certaines statues, lorsque la sécheresse de l'été fait désirer la pluie?..(1)»

Ce langage était assez nouveau pour soulever un affreux scandale, au moins parmi les dévots. Mais Dolet commit la maladresse de grossir

---

(1) A Paris, on ordonnait, au contraire, des cérémonies pour faire cesser la pluie. « Au dict an 1535, le mardy treizième de juillet, furent portées les châsses de Saincte Geneviève et Sainct Marceau, avec plusieurs beaux reliquaires, en procession générale à Notre-Dame de Paris, à cause des par trop grandes pluyes qui ne cessèrent à Paris et ès environs, depuis Pasques jusques à ce dict jour. Depuis laquelle procession, le beau temps revint ». *Journal d'un bourgeois de Paris.*, p. 458.

démesurément la troupe des mécontents. Vers la fin de son discours, il se laisse entraîner par son humeur outrancière au delà des bornes de la vérité, comme cela lui arrivera trop souvent. Il généralise ses critiques et, dans un tumultueux entassement d'invectives, réunit tous les Aquitains dans une même réprobation. Il les représente en masse comme des modèles odieux de sottise et de méchanceté. Son verbe devient d'une abondance si hostile qu'il semble avoir le projet d'attiser la colère de la cité tout entière. Il y réussit d'ailleurs. Son emportement et son exagération retournèrent contre lui la plus grande partie des Toulousains.

Pinache, porte-parole des Aquitains, n'osa pas répondre à ce discours qui causa quelques troubles. Outragé dans son amour-propre d'homme et d'orateur, poursuivi par les moqueries des étudiants qui répétaient deux pièces de vers assez inciviles, composées à son sujet (1), il résolut de se venger et dénonça son adversaire à la justice comme fauteur de désordre et comme ayant outragé le Parlement (2).

---

(1) *Orat. duæ in Thol.* L. I., 27 et 28, et *Carminum libri quatuor*, L. III., 23 et 24.

(2) Voir à ce sujet dans le Chapitre « Ses Ennemis et ses protecteurs », la lettre que l'évêque Jean de Pins adressa au premier

La dénonciation fut portée entre les mains de Gratien du Pont, sieur de Drusac, lieutenant du sénéchal et officier de la couronne (1). Malheureusement ce haut personnage avait une haine particulière contre Dolet qui l'avait persiflé sans pitié et il était à prévoir qu'il allait satisfaire sa rancune.

Drusac avait eu de cruelles mésaventures avec les femmes et surtout avec la sienne qui le trompa et l'abandonna. Il conçut pour le sexe féminin une aversion profonde, et, comme il se piquait de littérature, composa, pour bien manifester son ressentiment, un fort méchant poème « : *Les Controverses des sexes masculin et féminin* ». Il y dépeint les femmes comme des êtres inférieurs et impurs, émissaires du diable, chargés de crimes, source des tristesses et des malheurs des hommes.

L'ouvrage ne passa pas inaperçu. Dolet crut devoir prendre la défense des femmes : c'était galant mais superflu. De plus, l'avocat dérogea dans son plaidoyer aux règles de la plus élémentaire civilité, accablant le mysogyne d'épithètes de la dernière inconvenance. Dans cette joute,

président Jacques de Minut, et dont nous donnons la traduction. (*Orat. duœ in Thol.* pp. 149 et 150).

(1) Biographie Toulousaine, p. 188.

la violence était étrangement déplacée : le badinage et la raillerie devaient suffire. Au lieu d'une épingle, notre étudiant brandit une pesante massue et assène des coups bruyants. Ce ne fut pas assez de souligner la sottise de l'adversaire, il le voulut encore écraser sous la honte.

Comment M. de Drusac, homme important et poète d'autant plus irritable qu'il rimait avec effort de détestables vers, aurait-il pu pardonner au jeune Dolet d'avoir fait rire toute la ville à ses dépens par de multiples épigrammes qui circulaient de main en main (1) ? Avec quel froncement de sourcils l'infortuné magistrat dut entendre l'une de ces pièces que nous nous permettrons de traduire pour marquer combien, dans une polémique plaisante, Dolet pouvait manquer d'atticisme.

>   Si tuum quisquam neget esse prorsus
>   Utilem librum, temere loquatur;
>   Nempe tergendis natibus peraptus
>   Dicitur esse.
>
>   Nemo nec jurat piperi tegendo
>   Commodum, aut scombris, quibus officinæ

---

(1) Orat. duæ in Thol., pp. 194 à 199 — et *Carminum libri quator*, III, 14 à 20.

Par tuo servant operi volumen,
Uno obolo emptum. (1) »

« Si quelqu'un assurait que ton livre (*Les Controverses des sexes masculin et féminin*) est parfaitement inutile, il aurait tort. On peut dire sans se tromper qu'il est bon à... (2) »
« Tout le monde affirme qu'il est commode pour envelopper du poivre ou du poisson. Les épiciers réservent à cet usage des ouvrages pareils au tien et qu'ils achètent pour un sou. »

Heureux de prendre sa revanche de semblables aménités, Drusac accueillit la plainte de Pinache et donna l'ordre à son subordonné, le juge-mage Dampmartin, de faire emprisonner Dolet.

L'instruction de l'affaire va être menée avec vigueur et sans aucune indulgence. Le châtiment sera rude. Dans cette fâcheuse posture, le jeune auteur se hâte d'invoquer la protection de *Jean de Pins* (*Joannes Pinus*), évêque de Rieux et abbé de Moissac, ancien conseiller-clerc au Parlement de Toulouse, puis ambassa-

---

(1) Orat. duæ in Thol. I, 18 et Carmina III. 17.

(2) Nous ne pouvons que laisser deviner l'incongruité que nous ne traduisons pas. Le défaut de délicatesse est fréquent au début de la Renaissance, et le poète Marot lui-même dépasse souvent Rabelais en naturalisme.

deur à Venise et à Rome. Dolet lui avait été présenté par un ami commun, *Jacques Bording*, alors professeur de langues anciennes, plus tard médecin célèbre et dont nous aurons à reparler. L'évêque avait un goût très vif pour les études anciennes. Il apprécia le talent de Dolet et lui accorda son amitié. Lorsque Jean de Pins reçut la nouvelle de l'arrestation, il se trouvait malade et retenu dans son lit. Néanmoins il écrivit aussitôt à *Jacques de Minut, baron de Castéra*, premier président du Parlement de Toulouse, une pressante lettre de recommandation et l'envoya par une personne de confiance chargée de fournir au magistrat les explications les plus détaillées. Dans son message, l'évêque faisait le plus grand éloge du prisonnier, victime, disait-il, d'une machination qui ne méritait pas d'être prise au sérieux.

Cette chaude intervention sauva Dolet. Il fut remis en liberté au bout de trois jours.

Mais l'échec ne désarma pas ses adversaires. Ils répandirent de cyniques libelles. Déjà ils avaient promené dans les rues de la ville un cochon placé sur un char et accompagné d'un écriteau portant le nom de Dolet (1). On sou-

(1) Orat. duæ in Thol., p. 66.

doya même des spadassins chargés de l'attirer dans un guet-apens (1).

L'étudiant fit face quelque temps à la coalition. Il composa de nouvelles et cinglantes épigrammes. Malheureusement, l'une d'elles (2), dirigée contre le juge-mage Dampmartin, simplement coupable d'avoir exécuté les ordres de son supérieur, Drusac, contient des allégations qui donnent une déplorable idée du tact de l'auteur. Nous y reviendrons dans un autre chapitre.

L'irritation des ennemis de Dolet croissait de jour en jour. Ils redoublèrent leurs démarches pour le faire arrêter de nouveau. Lorsqu'il vit leurs efforts près d'aboutir, il jugea prudent d'abandonner la lutte. Il sortit de Toulouse vers la fin du mois de mai 1534. Il se cacha quelque temps dans les environs et se résolut bientôt à quitter la contrée.

Peu après, le Parlement, pour lui interdire tout esprit de retour, rendait à son égard un arrêt d'expulsion (3).

---

(1) Orat. duæ in Thol., p. 67.
(2) Orat. duæ in Thol., p. 200 et 201 et *Carminum libri quatuor*, III, 22.
(3) Orat. duæ in Thol., p. 121. (Lettre à Jean de Boyssoné).

III

LYON. — PREMIERS OUVRAGES
LA QUERELLE
DES CICÉRONIENS

Accompagné d'un fidèle ami, *Simon Finet*, Dolet, bien qu'assez gravement malade, se mit en route pour Lyon, théâtre principal de sa brève carrière. Il accomplit le trajet à pied. L'esprit troublé par des inquiétudes d'avenir et le corps miné par la fièvre, il fut contraint de s'arrêter au Puy pour rétablir sa santé ébranlée. Il arriva enfin au terme du voyage le 1er août 1534.

Il était muni de quelques lettres de recommandation. Un éditeur-imprimeur, riche et renommé, *Sébastien Gryphius*, le reçut avec de grands égards et se mit à sa disposition. L'évêque de Limoges, Jean de Langeac, avait jusqu'alors pourvu à l'entretien de l'étudiant. Nous ignorons s'il suspendit, à ce moment, ses libéralités ou si Dolet estima qu'il ne devait plus les solliciter, puisqu'il était décidé à ne pas continuer le droit. Il accepta, pour vivre, les fonctions de correcteur chez Sébastien Gryphius et probablement aussi chez un autre imprimeur lyonnais. Si l'on en croit une lettre adressée en 1535 par un certain *Odon* (*Angelus Odonus*) à *Gilbert Cousin*, secrétaire d'Erasme, il donnait en même temps des leçons de rudiment (1).

Il ne renonçait pas pour cela à la littérature. Au contraire, il consacre toutes ses heures de loisir à ses chères études latines. Son ardeur d'apprendre n'est jamais apaisée. Il ne s'accorde aucun plaisir et passe les nuits au travail. Les fatigues le rendent vieux avant l'âge : il a les yeux enfoncés, sa figure est pâle et maigre, son front dénudé, selon le témoignage du même Odon. Mais sa réputation s'étend

---

(1) *Opera Cognati*, 1562, t. 1, p. 313.

avec rapidité. A vingt-cinq ans, il passe déjà pour un savant et un poète estimables. Des auteurs célèbres (parmi eux Budé) lui accordent des marques d'encouragement.

Un de ses premiers soins à Lyon, fut de faire imprimer les deux discours latins prononcés à Toulouse. Il y ajouta de nombreuses lettres adressées à divers correspondants, un choix de réponses d'amis et deux livres de poésies latines.

On ne sait trop dans quel but il partit bientôt pour aller passer quelque temps à Paris où il arriva le 15 octobre 1534 (1). Il y demeura plusieurs mois. Pendant son séjour, il écrivit ou acheva d'écrire un dialogue latin « *De imitatione ciceroniana* » au sujet d'une question d'école. Il envoya sans retard le manuscrit à un de ses amis de Lyon, le poète *Guillaume Scève*, qui s'occupa de le faire paraître chez Gryphius.

Ce dialogue mit en rumeur le monde des lettres, divisé depuis plusieurs années par la querelle des Cicéroniens.

Deux camps s'étaient formés : d'un côté les

---

(1) Voir la ettre préface du « *De imitatione ciceroniana adversus Erasmum.* »

admirateurs, presque les idolâtres du style de Cicéron; de l'autre, les protestataires contre cet engouement trop exclusif. Pour les premiers, l'art suprême consistait dans la stricte imitation de la manière d'écrire de Cicéron; certains allaient jusqu'à rejeter toute tournure *et même tout mot* qu'il n'avait pas employés. Ce fut *une épidémie littéraire*, selon l'expression de Née de la Rochelle, tant la découverte du monde antique avait impressionné et charmé certains esprits.

Une anecdote, rapportée par Erasme, caractérise bien le ridicule de ce fanatisme littéraire. Il assistait, un jour, dans une église de Rome, à un sermon sur la passion, prononcé, en présence du pape Jules II, par un prêtre féru de Cicéron. Le prédicateur prononce d'abord l'éloge du souverain pontife et le compare à Jupiter tonnant. Puis il parle du Christ mourant sur la croix et évoque Curtius, Décius, Cécrops, Régulus... tous ceux enfin qui sacrifièrent leur vie à de grandes causes. Il compare Jésus à Socrate, à Epaminondas, à Aristide, à Phocion, mais il ne prononce jamais son nom, ne le désignant qu'au moyen d'obscures périphrases et cela, parce que le mot *Jésus* ne se trouve pas dans Cicéron!

Les deux écoles se répandirent en injures, multiplièrent les anathèmes et en vinrent aux coups. On confectionna nombre de pesants libelles, on écrivit sur ce sujet des in-folio pour s'accabler mutuellement sous le poids d'arguments irrésistibles. On imagine mal à quel point une simple dispute, née à propos des périodes d'un auteur latin, excita les passions et troubla les humanistes.

Longueil, Bembo (1), Sadolet, Sabinus, Scaliger comptent parmi les notables thuriféraires de Cicéron. Le savant Erasme, qui avoue cependant, dans les *Colloques*, n'avoir jamais lu le traité sur la vieillesse, sur l'amitié ou les Tusculanes, sans s'interrompre pour baiser la page, se déclara, à la fin, excédé de l'intransigeante admiration des béats cicéroniens. Il composa, pour se moquer d'eux, le *Ciceronianus* (1528). Ce livre les irrita beaucoup et suscita d'aigres réponses. Le savant Jules-César Scaliger exhala son mécontentement dans deux furieuses harangues (1531 et 1537), où il pousse la bassesse de la polémique jusqu'à reprocher à Erasme sa naissance irrégulière.

---

(1) Le cardinal Bembo ne lisait pas son bréviaire, de peur de corrompre sa belle latinité !

Dolet qui faisait ses délices de l'étude de Cicéron, au point de le qualifier de « divin » (1), prit parti dans la querelle et, d'enthousiasme autant que de colère, composa le *Dialogus de imitatione Ciceroniana adversus Desiderium Erasmum Roterodamum pro Christoforo Longolio* (1535) : dialogue sur l'imitation cicéronienne pour défendre Christophe Longueil (2) contre Erasme de Rotterdam.

Ce pamphlet littéraire fut assez lu et consacra à la fois l'auteur comme polémiste et latiniste. On regrette d'y trouver la violence coutumière du langage de Dolet. Il ne craint pas d'employer en parlant d'Erasme, dont la gloire était alors sans égale, des termes d'une choquante irrévérence. « Ce vieillard, dit-il dès la préface, est à peu près tombé en enfance... rien ne me touche moins que l'insanité de ce bouffon et je ne crains pas la morsure de ce vieux décrépit (*silicernium*) ».

L'ouvrage indigna tous les disciples d'Erasme. Mais il eut encore une conséquence inattendue en attirant sur l'auteur la haine d'un fervent

---

(1) *Commentaria linguæ latinæ*, t. I, col. 918.

(2) Christophe de Longueil (Longolius) avocat et conseiller au Parlement de Paris, savant latiniste, fut le chef de file des Cicéroniens. Il enseigna à Padoue et mourut en 1522. Dolet ne le connut pas personnellement et ne défendit que la mémoire de ce lettré.

cicéronien. Dolet et Scaliger (1) étaient amis ; ils professaient la même opinion sur la grande question de l'époque. En dépit de cette double confraternité, ce dernier n'admit pas qu'ayant pris lui-même la peine de réfuter longuement les critiques d'Erasme, Dolet n'ait point considéré sa réponse comme définitive et se soit cru obligé d'en formuler une nouvelle. Frappé dans son immense orgueil, Scaliger conçut une terrible inimitié contre le jeune écrivain et désormais, il n'en parla, dans ses ouvrages et sa correspondance, qu'avec la plus notoire injustice. Il multiplia, sur son talent et sa moralité, de basses critiques et d'inqualifiables insinuations. Il faut voir dans les calomnies de Scaliger, une des principales sources où ont perfidement puisé les détracteurs de Dolet. Longtemps après la mort de ce dernier, la fureur de l'humaniste italien n'était pas encore apaisée. Voici un extrait de ce qu'il écrivait en 1561 : « ... Dolet peut être nommé le cancer et la plaie des Muses... Ses discours, les savants les appellent des aboiements... Seul l'athée a subi le supplice du feu que l'homme et ses pièces de

---

(1) D'origine italienne, Scaliger exerça la médecine à Agen ; il est connu comme philologue et critique. D'une vanité excessive, il a chanté ses mérites sur un ton extravagant (1484-1558).

vers méritaient. Le bûcher ne l'a pas purifié et c'est plutôt lui qui a rendu le feu impur... c'est l'excrément de la poésie... (1) »

Dolet ne se laissait absorber ni par la querelle des cicéroniens ni par ses occupations professionnelles. Il consacrait le meilleur de sa pensée à achever, dans le silence des nuits, les *Commentaires de la langue latine*. C'était une œuvre considérable, entreprise depuis dix années et dont il attendait une éclatante gloire. Le plan comportait trois volumes. Le premier parut en 1536. Cet ouvrage que bien peu d'humanistes eussent été capables de mener à bien, fut, dès sa publication, remarqué de tous les savants et fonda définitivement la réputation de l'auteur comme grammairien, philologue et critique.

Nous apprécierons le mérite des *Commentaires* dans la seconde partie de notre étude. Il suffit de dire, dès maintenant, qu'ils constituaient un véritable monument d'érudition latine.

---

(1) *Poetices libri VII* (p. 305, livre 4).

IV

UNE DÉPLORABLE AFFAIRE

Dolet commençait à jouir du prix d'un patient labeur lorsqu'un malheureux événement vint troubler ses succès. Le 31 décembre 1536, il fut attaqué dans la rue par un peintre lyonnais. Il se défendit si vivement qu'il le frappa d'un coup mortel. On n'a pu fixer les causes exactes de la querelle et les détails en sont demeurés assez obscurs. Le nom même de la victime n'est pas solidement établi : dans les pièces officielles de justice qui nous restent, on trouve des appellations différentes ; les lettres royales de grâce de juin 1543 portent : *Guillaume Compaing* ; les lettres d'août suivant :

Henri Guillot; et l'arrêt du Parlement de Paris, d'août 1546 : *Jehan Compaing.*

Les adversaires de Dolet ont profité des côtés mystérieux de cette affaire pour le représenter comme un véritable meurtrier. L'ignorance ou la mauvaise foi a répandu cette opinion.

Il semble bien résulter de l'ensemble des faits qui nous sont connus que le jeune savant riposta aux coups d'un vulgaire bretteur. C'est en état de légitime défense qu'il aurait tué son agresseur, d'un coup d'épée trop bien porté.

Bien qu'innocent, il crut bon de quitter la ville. Il évitait ainsi les représailles immédiates des parents et des amis du peintre Compaing. Puis, comme il avait souffert des procédés de certains juges toulousains, il se défiait de l'impartialité de ceux de Lyon qui n'ignoraient pas la dureté de ses discours contre la magistrature et pouvaient saisir l'occasion de les lui faire expier.

Il gagna donc rapidement Paris, ayant formé le projet de se présenter devant le roi et de lui exposer lui-même toute l'affaire. Dès son arrivée dans la capitale, de nombreux et puissants protecteurs, la plupart hommes de lettres, interviennent en sa faveur à la cour. Dolet s'était concilié leur bienveillance et leur appui par le seul renom de son talent et de ses travaux. Marguerite de Valois, reine de Navarre, qui goûtait fort les vers latins de notre auteur, s'employa en personne à faire constater son innocence. Après elle, un des plus chaleureux avocats fut le savant et vertueux ecclésiastique *Pierre Duchâtel*, lecteur de François Ier.

Le roi accorda immédiatement la grâce. Le document officiel qui la constatait porte la date du 19 février 1537 (1).

Dès que la bonne nouvelle fut connue, un grand nombre de savants et d'écrivains offrirent un banquet à Dolet. Clément Marot, Rabelais, Budé, Salmon Macrin, Voulté, Nicolas Bérauld, Pierre Danès assistèrent notamment à la fête.

Ainsi que nous l'avons dit, on a prétendu, sans aucune preuve d'ailleurs, que Dolet avait

---

(1) Le texte semble malheureusement perdu. Nous avons fait de vaines recherches dans les archives nationales. Les lettres de grâce ne durent être enregistrées par le Parlement de Paris que vers la fin de 1543, ainsi que nous l'expliquerons plus tard. Mais pas plus à cette date qu'en 1537, on ne retrouve trace du document. Cette lacune est d'autant plus regrettable que la découverte des lettres royales eût mis fin à toutes les discussions sur cette affaire.

commis un véritable crime de droit commun en frappant Guillaume Compaing. Comment expliquer dans cette opinion, que le roi ait accordé, si bénévolement et avec autant de promptitude, la grâce d'un meurtrier ? Dolet était pauvre et, par conséquent, dans l'impossibilité d'acheter des complaisances dans l'entourage du monarque. Comment admettre que la douce et gracieuse reine de Navarre « *la seule Minerve de France* » ait consenti à couvrir un criminel de sa haute protection ? Et dans ce cas, comment justifier aussi les pressantes démarches de tout un groupe d'hommes honorables et illustres ? Tant de prières désintéressées suffiraient à ruiner la théorie de l'attentat. Ceux qui plaident la culpabilité de Dolet sont amenés à des conclusions inadmissibles : Marguerite d'Angoulême, Clément Marot, Rabelais, l'intègre Nicolas Bérauld, le très loyal Duchâtel, qui était sur le point d'être nommé évêque de Tulle, en usant de leur influence en faveur d'un assassin, se seraient solidarisés avec lui ou auraient, tout au moins, assumé une grande part de responsabilité morale dans une vilaine cause.

Il y a encore d'autres raisons de croire à

l'innocence de l'humaniste (1). Les lettres royales de rémission, dans l'avant-dernier procès fait à Dolet, en 1543, rappellent brièvement l'affaire Compaing; elles s'expriment ainsi : « ... *En l'an 1536, il luy advint fortune et malheur de commettre homicide en la personne d'un nommé Guillaume Compaing* » (2). Ces termes *fortune et malheur* montrent bien qu'il y eut cas fortuit : ils écartent tout soupçon de crime et de préméditation.

On ne peut, d'autre part, imaginer que si le jeune savant avait fait par pure méchanceté le geste de mort, l'élite des écrivains de l'époque eût osé organiser une réjouissance quasi publique pour célébrer son amnistie ! Par cet hommage spontané, les protecteurs de Dolet voulurent, au contraire, témoigner publiquement de sa non-culpabilité et attester, avec éclat, sa parfaite loyauté dans une malheureuse affaire.

Nous avons enfin découvert et traduit une lettre qui est un argument sinon définitif, du

---

(1) Nous ne nous attardons pas à citer les nombreuses protestations de l'accusé lui-même. On ne peut faire état de témoignages trop intéressés et, naturellement entachés de suspicion. Dolet n'a pas craint, en effet, dans ses ouvrages de parler à plusieurs reprises de cette affaire et s'est vivement défendu, en prose et en vers.

(2) Registres criminels du Parlement de Paris (n° 96) et *Procès d'Estienne Dolet*. (Taillandier), p 16.

moins considérable en faveur de Dolet. C'est une épitre latine que le professeur et poète Jean Voulté (Vulteius) (1) adressa à l'évêque de Rieux, Jean de Pins, en mars 1537, c'est-à-dire dans le temps même où se dénouait la cause qui nous occupe. Cette lettre est insérée en tête du livre III d'un ouvrage de Voulté, ainsi intitulé : *Joannis Vulteii, Remensis epigrammatûm libri IV.* (Pages 184 à 188) (2). Nous en extrayons les passages qui nous importent : « ... Vous connaissez, dit Voulté à l'évêque de Rieux, le principal but de notre voyage et la raison de notre prompt départ. Si quelqu'un nous désapprouve ou cesse de nous aimer, Dolet ou moi, que dis-je ? si quelqu'un prétend que notre renommée en souffrira, je proclamerai que celui-là est l'ennemi des lettres et de la vertu. Je le vois, grâce à l'autorité et au grand nombre d'amis que Dolet possède à Paris, à la cour de notre roi très puissant et à Lyon, tous hommes d'une très grande vertu et

---

(1) Voulté enseigna les humanités et la philosophie à Bordeaux, puis à Toulouse. Bien qu'il ait publié deux ou trois volumes de poésies latines il se consacra surtout au droit. Il a célébré dans ses vers la très belle Claude Scholastique de Bectoz, abbesse du couvent de Saint-Honorat, qui fut aussi aimée et chantée par Bonaventure Despériers.

(2) Un exemplaire de cet ouvrage, imprimé à Lyon, en 1537, chez Michel Parmantier est conservé à la Bibliothèque nationale.

du plus haut rang, grâce aussi à ses propres mérites, à sa science, à son érudition, il sera non seulement déclaré innocent, ayant frappé un malfaiteur (1), mais encore il recueillera de la générosité et de la munificence du prince le prix inestimable de ses études. Puisque Dolet, *comme je le sais avec certitude*, n'a été poussé à donner la mort à un assassin ni par un dessein coupable, ni par une haine trop ardente, ni par un désir de vengeance ; puisqu'il a été emporté par une loi naturelle, à repousser courageusement par une violence légitime l'odieuse violence d'un infâme, à mettre hors d'état de nuire un homme dont l'âme n'aspirait qu'au crime, à défendre par la force, ce qui est instinctif, sa vie menacée ; puisqu'il est manifestement préférable qu'un bandit ait été tué, plutôt que de voir simplement blessé un homme d'une aussi vaste érudition ; pour tout cela nous comptons bien que non seulement Dolet ne sera contraint de réparer le fait ni sur la croix, ni en prison, ni par l'exil ou par toute autre peine, mais qu'il sera au contraire acquitté, qu'il pourra alors reprendre avec plus d'ardeur ses études interrompues,

(1) « *Non solum innocens a nocentis cæde liberetur* ».

achever le tome second de ses Commentaires, tracer dans le style si grave et si élégant que nous lui connaissons, l'histoire de notre temps, qu'il nous a promise, faire valoir toute sa finesse dans un traité qu'il médite *Sur l'opinion...* (1) ».

Tandis que Jean Voulté écrivait ces mots, la grâce était déjà accordée, mais la nouvelle ne lui était pas encore parvenue, en raison de la difficulté des communications. Il est important de remarquer que Voulté se trouvait en ce moment *à Lyon*, c'est-à-dire sur les lieux où venait de se dérouler l'affaire Dolet-Compaing. La version qu'il en donne pourrait être suspectée si le récit lui en avait été fait par Dolet, mais ce dernier s'était déjà enfui de Lyon lorsque Voulté y arriva au mois de février 1537, ainsi que nous l'apprend Jean de Boyssoné (2).

Dans sa lettre à l'évêque de Rieux, Voulté ne parle donc de cette affaire que d'après les témoignages qu'il recueillit de tierces personnes, à Lyon même. Il se trouvait, en conséquence, bien placé pour connaître la vérité et

---

(1) Dolet composa effectivement un ouvrage intitulé *De Opinione*. Il le signale dans les Commentaires, t. II, col. 414. C'était une dissertation sur la nature et la destinée de l'âme ainsi que sur les divers cultes rendus à Dieu. Ce traité est malheureusement perdu.

(2) *Epîtres manuscrites*, folio 14. Bibliothèque de Toulouse.

tout porte à croire que sa lettre en est la simple expression. Il n'avait aucune raison de travestir les faits et de mander un faux récit à l'évêque de Rieux.

Dolet revint à Lyon avant que le Parlement de cette ville eût enregistré les lettres de pardon. Ce n'était là qu'une simple formalité, mais le droit strict l'exigeait. Les juges lyonnais étaient censés ignorer un arrêt rendu par le roi, tant qu'ils n'en avaient pas reçu communication officielle. Ils prirent prétexte de l'inaccomplissement de la procédure ordinaire pour faire arrêter le jeune savant. Peut-être furent-ils amenés à prendre cette mesure à la requête de la famille de Compaing. Mais Dolet multiplia les protestations et comme la grâce était au moins connue officieusement des magistrats du lieu, ils n'osèrent pousser les choses trop loin. Sous la garantie d'une caution, ils donnèrent l'ordre d'élargissement (21 avril 1537). Toutefois, l'emprisonnement de l'humaniste avait duré un mois.

V

LE MAITRE IMPRIMEUR
UNE GRÈVE

Au mois de février 1538, Dolet publia le second volume des *Commentaires de la langue latine* qui fut accueilli avec la même faveur que le premier. Le mois suivant, il fut présenté à François Ier, en résidence provisoire à Moulins. Il devait cette faveur au cardinal de Tournon, gouverneur de Lyon, conseiller intime du roi, et qu'il avait sans doute connu par l'intermédiaire de son ami Pierre Duchâtel.

Pendant l'audience, le cardinal fit le plus bel éloge de l'écrivain. Il en parla comme d'un des plus grands esprits du siècle. Le roi accepta l'hommage d'un exemplaire des *Commentaires*, écouta complaisamment l'éloge de l'auteur et, désireux de lui marquer son intérêt, lui accorda un privilège de DIX ANS pour *imprimer ou faire imprimer tous les livres par luy composés ou traduits, et tous aultres œuvres des auteurs modernes et antiques qui par lui seront dûment vus, amendés, illustrés ou annotés, soit par forme d'interprétation, scolies ou aultre déclaration : tout en lettres latines, grecques, italiennes ou françoyses* ».

En vertu de cette charte, aucun autre imprimeur ne pouvait reproduire les ouvrages composés ou édités par Dolet.

Muni de cette précieuse concession, il s'établit la même année, imprimeur à Lyon.

Cette profession était alors des plus honorées et se confondait avec celle d'éditeur. Outre l'habileté technique, elle exigeait des connaissances étendues. La plupart des manuscrits étaient écrits en latin, et les imprimeurs collaboraient assez étroitement aux œuvres qu'ils éditaient. Ils devaient en apprécier l'esprit et la portée; très souvent, ils écrivaient des préfaces ou des avertissements pour présenter l'ouvrage au lecteur. Ils comptaient parmi eux de véritables savants qui se firent dans l'imprimerie une grande réputation. Il suffit de citer les Manuce, les Estienne, les Coline, les Gryphius, les Elzévir, etc., pour montrer quels hommes distingués pratiquèrent l'art d'imprimer.

Le succès semblait promis à Dolet dans cette carrière. Il avait acquis de solides qualités professionnelles dans les ateliers de Sébastien Gryphius et possédait, en outre, des connaissances littéraires très étendues.

Un passage de la première lettre de rémission (1) qui lui fut accordée dans le procès de 1543, nous apprend qu'il couvrit les premiers frais de son établissement avec l'aide de quelques amis et au moyen d'un pécule qu'il avait amassé.

À peu près dans le même temps (derniers mois de l'année 1538), il publie un volume de vers latins, *Carminum libri quatuor* et se décide à prendre femme. Il fit un mariage d'inclination. Celle qu'il épousait (*Louise Giraud*)

---

(1) On peut consulter ce document aux archives nationales (Registres criminels du Parlement de Paris). M. Taillandier l'a publié en 1836 dans un opuscule, *Procès d'Estienne Dolet*.

était pauvre. Mais Dolet ne redoute rien de l'avenir; il a confiance dans ses forces.

Grâce à d'heureuses aptitudes et à son inlassable activité, ses affaires commerciales prospèrent rapidement.

Pour les étendre, il prend, en janvier 1539, un associé (*Helayn Dulin*). Un acte notarié, que M. Copley Christie a retrouvé dans les archives de Lyon, porte que l'association, d'abord conclue pour une courte durée, fut renouvelée à plusieurs reprises. Elle existait en juillet 1542.

Dolet n'eut pas dans sa vie d'époque plus heureuse. Entre une femme qu'il aime et ses études favorites, il passe des jours paisibles et doux. Il a des soucis matériels, mais il exerce un métier qui lui plaît et son entreprise réussit selon ses désirs.

Il devient père dès 1539 et célèbre la naissance de son fils *Claude*, dans un poème latin de longue haleine, *Genethliacum Claudii Doleti*, dont il donne presque simultanément une adaptation en vers français : *L'avant-naissance de Claude Dolet... contenant comme l'homme se doibt gouverner en ce monde*.

Les imprimeurs de Lyon, sauf l'excellent

Gryphius et un ou deux autres, furent bientôt jaloux de la prospérité de Dolet. Ils avaient en lui un concurrent peu riche, à la vérité, mais redoutable par sa science, son zèle et dont le nom était célèbre. Ses presses fonctionnaient sans arrêt. Sa confiance en lui-même et son ardeur croissaient avec le nombre et l'importance de ses travaux dont la somme est vraiment surprenante. Entre son établissement et sa mort, il s'écoula un peu plus de sept années : il en passa cinq en prison et trouva cependant le moyen, dans les courts intervalles de liberté, d'écrire au moins *quinze* volumes et d'en imprimer *quatre-vingts* environ. Si l'on ajoute les nombreuses préfaces en prose ou en vers qu'il composa pour des ouvrages dont il n'était que l'éditeur, on demeure confondu non seulement par l'étendue du labeur, mais encore par les capacités, le calme d'esprit et l'énergie d'un homme en proie aux deux plus angoissantes préoccupations : défendre sa vie sans cesse menacée et pourvoir aux moyens d'existence de sa famille.

Ce fut pendant l'année 1542 qu'il s'occupa le plus de son imprimerie : il édita alors près de quarante ouvrages. Nous ne pouvons citer que les principaux :

Le Nouveau Testament (en français).

Le Sommaire du vieux et du nouveau Testament (de Lefèvre d'Etaples).

Les psaumes de David (en français).

L'internelle consolation (1).

Les œuvres de Clément Marot.

La chirurgie de Paul Æginète.

Le vrai moyen de bien et catholiquement se confesser (d'Erasme).

Le chevalier chrétien (d'Erasme).

Les épîtres et les évangiles des 52 Dimanches.

Les épîtres familières de Cicéron.

Le livre des présages d'Hippocrate.

Deux livres des simples de Galien.

La plaisante et joyeuse histoire du grand géant Gargantua.

La fontaine de vie.

La compagnie des pénitents.

Exhortation à la lecture des Saintes Ecritures, etc., etc.

Mentionnons encore parmi les livres antérieurement sortis de ses presses :

Les distiques de Caton (en latin, avec gloses).

---

(1) Nom ancien de l'*Imitation de Jésus-Christ.*

Les comédies de Térence.
Les lettres de Cicéron.
Le De amicitia, le De senectute.
Les œuvres de Virgile.
Le nouveau testament (en latin).
L'Antigone de Sophocle (traduction latine).
La vie des douze Césars (de Suétone), etc., etc.

La plupart de ces volumes portent comme marque une gravure représentant une hache dite doloire, tenue par une main qui sort d'un nuage. L'arme menace un tronc d'arbre renversé. Autour de la gravure s'enroule une devise : « *Scabra et impolita ad amussim dolo atque perpolio* » (1), remplacée d'ordinaire à la dernière page par une de ces deux inscriptions : « *Durior est spectatæ virtutis quam incognitæ conditio* » (2) ou encore « *Préserve moy ô Seigneur, des calomnies des hommes* ». On trouve le plus souvent la première sur les ouvrages latins et la seconde sur les ouvrages français.

---

(1) Jusqu'à la perfection je polis et retouche les aspérités et les rudesses du langage.
(2) Combien il est plus difficile aux grands qu'aux humbles de rester vertueux !

Dans cet art naissant de l'imprimerie, Dolet ne se signala pas seulement par le nombre de ses productions ; il fit encore preuve d'une haute conscience professionnelle. Son but a été moins de s'enrichir que de servir les lettres et la pensée. Il blâme « *ceux qui refusent de payer un homme savant et laborieux pour veiller à la correction et à l'exactitude des textes* ». Ailleurs, il assure qu'il rejettera les manuscrits sans valeur : « *Je refuserai impitoyablement les élucubrations de déplorables écrivassiers, déshonneur de notre époque* (1). » Ces mots résument la ligne de conduite dont il ne se départit point.

C'est dans sa profession qu'il rencontra sinon ses plus puissants, du moins ses plus perfides ennemis. Avant même son entrée dans la corporation des maîtres imprimeurs, ceux-ci étaient déjà fort irrités contre lui. Il avait très sévèrement apprécié leur loyauté commerciale et leurs habitudes dans un passage des *Commentaires* où il se plaint de leur ignorance, de leur inhabileté et du penchant que la plupart

---

(1) Lettre adressée au Cardinal du Bellay et qui sert de préface à un ouvrage de Claude Cotereau : *De jure et privilegiis militum*. Lyon, Dolet, 1539.

d'entre eux auraient eu à l'intempérance (1).

Il acheva de les exaspérer par sa généreuse attitude dans une grève qui commença en 1538 et dont les phases semblent dater d'hier. Un succinct récit ne sera pas inutile.

Les ouvriers imprimeurs lyonnais s'étaient associés pour demander une augmentation de salaire, une meilleure subsistance (ils étaient nourris à demeure) et la limitation du nombre des apprentis. Au préjudice de ses intérêts immédiats, Dolet s'avisa de reconnaître que les revendications des ouvriers étaient justes et les appuya. Il soutint leur cause avec sa fougue habituelle. Mais les autres imprimeurs résistèrent, se coalisèrent à leur tour et ne voulurent pas accorder la moindre concession. Les compagnons cessèrent en masse le travail et tinrent de tumultueuses réunions. Les plus bruyants et les meneurs furent poursuivis en justice, pendant que d'autres, effrayés ou lassés, passaient à l'étranger. La situation devint si grave, que François Ier fut chargé de la dénouer. Il

---

(1) Il les traite avec cette brutalité : «... *pour avoir trop bu, que de fois ils se trompent et ne peuvent bien travailler !* Quels ivrognes!... » Du noir tableau qu'il trace, il excepte quelques grands imprimeurs (Alde Manuce, Josse Bade, Froben, Robert Estienne, Simon de Colines) et un seul imprimeur de Lyon, Sébastien Gryphius (Commentaires, t. I, col. 266).

rendit à Moulins un arrêt qui donnait quelque satisfaction aux ouvriers. Furieux de cette décision, les patrons déclarent aussitôt qu'ils vont transférer leurs presses à Vienne, en Dauphiné. Alors les consuls, pour éviter un exode qui eût été néfaste aux intérêts de Lyon, s'interposent et envoient le fils du secrétaire de la ville demander au roi la réforme de l'arrêt (11 octobre 1540). Cette médiation à rebours accrut l'effervescence. Le débat traîna en longueur, tandis que l'ancien état de choses subsistait. Enfin, après de multiples incidents, François Ier se résolut à signer, à Fontainebleau, le 28 décembre 1541, un règlement pour l'imprimerie de Lyon, copié sur celui de Paris du 31 août 1539 (1).

Avec le régime nouveau, les patrons triomphaient : il est défendu aux compagnons de *s'associer*, de *faire des banquets* et d'*avoir bourse commune*, c'est-à-dire de constituer un fonds de réserve pour alimenter les grèves. Ils ne peuvent quitter un atelier sans achever l'ouvrage en cours. Dans tous les cas, ils doivent donner avis de leur départ huit jours à l'avance.

(1) *Fontanon*, tome 4, p. 467.

Les réclamations des ouvriers n'avaient servi, en somme, qu'à aggraver leur situation. Aussi ne cessèrent-ils de protester et de réclamer un édit plus libéral.

Pour les bien convaincre de l'inanité de leurs efforts et leur démontrer qu'ils n'avaient rien à attendre de l'autorité, les patrons, bien soutenus au conseil du roi, obtinrent, le 19 juillet 1542, des lettres patentes enjoignant aux magistrats locaux de veiller à l'application stricte de l'ordonnance du 28 décembre 1541.

Cette sorte de provocation exalta l'énergie des ouvriers et, loin de calmer l'agitation, la redoubla. Ils se levèrent en masse et parurent si farouchement résolus qu'ils finirent par obtenir des adoucissements et des concessions. L'accord fut officiellement scellé le 1er mai 1543.

Dans ce différend, Dolet se sépara des patrons, ses collègues. En réprouvant leur intransigeante dureté, il aviva leur ressentiment. Les lettres de rémission signées par François Ier, à Villers-Cotterets, en juin 1543, ne laissent aucun doute à ce sujet : ... *tant à cette occasion que pour avoir par luy* (Dolet) *soustenu les compaignons imprimeurs au procés mû entre les dits maistres et eulx, iceulx maistres auroient conçu haine mortelle et inimitié capitale contre luy...* (1).

(1) Procès d'Étienne Dolet, p. 7.

VI

UN EMPRISONNEMENT
DE QUINZE MOIS

Dolet n'eut pas la faculté de soutenir les compagnons jusqu'au bout. Vers la fin du mois de juillet 1542, il fut appréhendé et jeté dans les prisons de l'archevêché par ordre de l'inquisiteur de la foi.

Les maîtres imprimeurs étaient responsables de cette arrestation. Ils ne pouvaient pardonner à leur concurrent sa rapide prospérité commerciale et le considéraient comme un intrus, gratifié, sans raison, d'un monopole royal. Jaloux de ses succès d'écrivain, échauffés par les rudes propos qu'il tenait publiquement à leur endroit, déchaînés enfin par son attitude au cours de la grève, ils résolurent de le perdre. Nous en donnerons les preuves dans le chapitre *Ennemis et protecteurs*.

Pour arriver à leurs misérables fins, il leur suffit de choisir dans les nombreux ouvrages composés ou simplement publiés par Dolet, quelques passages peu conformes à la stricte orthodoxie catholique et de les signaler à l'inquisiteur général et au procureur royal de Lyon (1). La dénonciation était d'autant plus grave que l'auteur venait d'avoir des démêlés avec l'autorité ecclésiastique.

Par mesure de prudence et pour rassurer les censeurs de la foi sur ses desseins, il avait cru bon, dès son début dans l'imprimerie, d'écrire et de publier *un ouvrage de piété*, *Cato Christianus*, explication du Décalogue, du Credo, de l'oraison dominicale, suivie de deux odes à la Vierge déjà parues à la suite des *Duæ orationes in Tholosam*? Le cardinal Sadolet accepta la dédicace de ce traité qui était destiné, dans l'esprit de l'auteur, à le préserver, dans la suite de sa carrière, de toute

---

(1) Consulter sur les phrases de cette affaire, « le Procès d'Estienne Dolet » et la préface de la première édition de la traduction des *Questions tusculanes*, imprimée par Dolet en 1543.

accusation d'hérésie : « Je montrerai, du moins, en publiant ce livre, dit-il dans la préface, qu'à l'image de mes actes et de ma vie, mes écrits attestent mon obéissance aux préceptes de la religion ».

Contrairement à son attente, il fut précisément inquiété à propos de *Caton chrétien*. On lui reprocha surtout d'avoir mis au nombre des commandements de Dieu, un précepte : *tu ne feras point d'image taillée* (1), qui paraissait condamner le culte des Saints et approuver la doctrine des Albigeois (2).

L'inquisiteur et l'official de l'archevêque de Lyon lui ordonnèrent de cesser la vente de *Caton chrétien* et du volume de vers *Carminum libri quatuor*, parce qu'il y employait le mot *fatum* dans le sens païen, c'est-à-dire de fatalité et non de providence, « *voulant ainsi approuver la prédestination* ». A notre

---

(1) En l'insérant dans le Décalogue, Dolet n'a rien inventé ; il n'a fait que reproduire ce qu'il a trouvé dans le texte même de la Bible. L'Exode (xx, 4) et le Deutéronome (v, 8) mentionnent, en effet, ce précepte parmi les commandements donnés à Moïse sur le mont Sinaï : *Vous ne ferez point d'image taillée, ni aucune figure de tout ce qui est en haut dans le ciel, ou en bas sur la terre, ni tout ce qui est sous terre ou dans les eaux*.

(2) La vertueuse secte des Albigeois fut férocement exterminée par Simon de Montfort, aidé du légat du pape et de Folquet, évêque de Toulouse. François Ier autorisa, en 1545, l'écrasement des Vaudois qui avaient repris les doctrines religieuses des Albigeois.

C.

avis, il faut plutôt chercher la véritable cause de l'interdit lancé contre les *Carmina* dans les deux épigrammes sur les gens d'église que contient ce recueil.

Dolet dut promettre de ne plus vendre ces deux ouvrages, mais il faut avouer qu'il ne tint pas grand compte de son engagement. Par là, il s'exposait à un grand péril, mais, il le bravait, soit par insouciance, soit par hardiesse. Peut-être aussi oubliait-il le danger, tant il était absorbé par des préoccupations de toute nature. L'accroissement de ses affaires n'arrêtait pas ses travaux littéraires. Il abonde en vastes projets, et par une confiance naïve dans ses forces et son intelligence, il entreprend de les réaliser à la fois. Il médite, entre autres choses, une chronique générale de son temps, mais ne peut obtenir l'argent et les appuis indispensables pour rassembler les matériaux de cette œuvre qui était réservée à de Thou. Il se contente alors d'écrire en vers latins l'histoire du règne de François Ier : *Francisci Valesii Gallorum regis fata* (1539). Peu après, il traduit cet ouvrage en prose française : *Les gestes de Françoys de Valois, Roy de France.*

Aux études historiques, il ajoute des études de grammaire. Il publie des explications sur deux comédies de Térence, l'Andrienne et l'Eunuque. Il trace le plan d'un grand ouvrage sur la langue française, comme suite à ses commentaires sur la langue latine, et en fait paraître trois chapitres : *De la manière de bien traduire. — De la ponctuation. — Des accents* (1540). Il compose encore un traité sur les devoirs et les immunités des ambassadeurs : *De officio legati...* et donne une traduction des lettres de Cicéron à ses amis : *Les Epistres familiaires de Marc Tulle Cicero, père d'éloquence latine* (1542).

Si, de plus, l'on tient compte du mouvement considérable de librairie dont nous avons donné plus haut un aperçu, on accordera facilement que Dolet était un des hommes les plus occupés de l'active cité de Lyon.

C'est au cours de cette prospérité qu'il fut brusquement mis en prison. Ses collègues, les maîtres-imprimeurs, l'avaient dénoncé comme suspect d'hérésie, après avoir, à l'appui de leur plainte, extrait de certains ouvrages écrits ou imprimés par Dolet, quelques propositions peu conformes aux dogmes ou aux préceptes de l'Eglise catholique.

L'instruction de l'affaire fut lentement menée et près de trois mois s'écoulèrent avant le jugement. Les procédures relatives aux poursuites contre les hérétiques ont presque totalement disparu (1). Ecrites sur parchemin, elles paraissaient cependant destinées à supporter les injures de la poussière et du temps. Nous ne possédons quelques détails, dans le cas présent, que par un heureux hasard. Les lettres de grâce, accordées par le roi, portent des renseignements qui résument le procès. M. Taillandier, conseiller à la cour de cassation, a retrouvé ces lettres patentes, en 1836, dans les registres du Parlement de Paris, et les a publiées, telles quelles, dans un opuscule, « Procès d'Estienne Dolet ».

L'acte d'accusation fait d'abord revivre contre Dolet les griefs déjà formulés au sujet de *Cato christianus* et des *Carmina* (voir pages 64 et 65), lui reproche ensuite d'avoir mis le *Credo* en vers, d'avoir supprimé dans cette prière les mots *communionem sanctorum* et remplacé le terme *credo* par *habeo fidem*. Il relève de plus à sa charge l'impression de livres hérétiques et encore d'avoir « *fait et mis,*

---

(1) Un document de l'époque, *Le journal d'un bourgeois de Paris*, donnant une liste des hérétiques condamnés au bûcher en l'année 1535, dit à la fin « *et furent leurs procés avec eulx brulés* ».

au-devant, des épistres liminaires, excitatives à la lecture d'iceulx... les noms desquels s'ensuivent : l'Exhortation à la lecture de la Saincte Escriture; la Fontaine de vye; les Cinquante et deux Dimanches, par Faber Stapulensis (1); *les Heures de la compaignye des pénitens; le Chevalier chrestien; la Manière de se confesser*, d'Erasme (2). »

En outre, on lui fait un crime d'avoir publié la Bible en langue française et vendu, malgré défense formelle, *Cato christianus* et les *Carmina*.

Au cours du procès, une perquisition amena la découverte, au domicile de l'accusé, de quelques ouvrages protestants et mis à l'index : l'*Unio dissidentium*, de Bodé; l'*Institutio religionis christianæ*, de Calvin; les *Loci communes*, de Mélanchthon; et une Bible de Genève. A ces nouveaux délits, on ajouta qu'il avait contrevenu à son privilège d'imprimeur en faisant paraître des livres sans les communiquer au prévôt de Paris et au sénéchal de

---

(1) Lefèvre d'Etaples.
(2) Cette citation en vieux français et les suivantes, sont fidèlement extraites des registres criminels du Parlement de Paris, n° 96. (Archives nationales).

Lyon. Mais ce n'est pas tout. En dernier lieu, on l'accuse « *d'avoir mangé chair en temps de caresme et aultres jours prohibés et défendus par l'Eglise — aussi de s'estre promené durant la célébration de la messe — et qu'il avoit esté plustot au sermon qu'à la messe — lui mettant sus davantaige que par ses escripts, il semble mal sentir de l'immortalité de l'âme.* »

Il ne faut pas trop s'étonner de l'humilité que Dolet va montrer dans sa défense. La plupart des faits dont il devait répondre étaient tenus pour des crimes affreux, que l'on expiait dans les supplices. Il ne pouvait donc espérer sauver son existence qu'en usant de beaucoup d'habileté et en faisant preuve de la plus complète soumission.

Il affirma « *qu'il n'avoit voulu ni vouloit soustenir auculne erreur, mais qu'il s'estoit toujours déclaré et déclaroit fils d'obédience, voulant vivre et mourir comme ung vray chrestien et catholique devoit faire, suyvant la loy et la foy de ses prédécesseurs, sans adhérer à auculne secte nouvelle, ny contrevenir aux sainctz décretz et institution de l'Eglise...* »

Il déclarait croire fermement à l'immortalité

de l'âme et donner au mot *fatum* le sens de *providence de Dieu*.

En ce qui concernait ses ouvrages ou ceux qu'il avai imprimés, « *il n'avoit entendu ni entendoit qu'il y eut aucune erreur ou chose mal sentant de la foy et contre les commandemens de Dieu et de nostre mère saincte Eglise.* »

Il ajouta même qu'il était prêt « *à corriger, réparer et amender, selon et ainsi qu'il luy seroit remonstré, ce qui se trouveroit de luy mal escrit ou mal dit...* » et il demanda encore « *que l'on ait égard à son impéritie et ignorance.* »

Quant aux livres prohibés que l'on avait trouvés dans sa maison, il assura qu'il les détenait, non pour suivre leur enseignement, mais par désir de réfuter leurs erreurs et aussi par curiosité d'homme de lettres, obligé par son état de lire tout ce qui parait. Clément Marot avait déjà employé cet argument lorsqu'à propos de l'affaire des placards huguenots, en 1525, on perquisitionna chez lui et l'on découvrit des livres interdits. « Un écrivain, dit-il, peut bien posséder des ouvrages qu'il n'approuve pas ».

Restait une accusation, et non la moins grave:

avoir fait gras en carême. C'était un lourd péché, puni de cruelles peines corporelles et parfois même de la mort (1).

Dolet n'était pas le premier littérateur traduit en justice pour un délit semblable. En 1526, Clément Marot ayant mangé de la viande en temps d'abstinence, fut enfermé au Châtelet et de là, transféré dans la prison de l'évêque de Chartres. Il ne dut son élargissement qu'à l'amitié de François Ier, dont il était valet de chambre, et qui l'amnistia au retour de la captivité de Madrid. En 1531, le poète fut arrêté de nouveau, pour le même motif, avec de nombreux gens de lettres, parmi lesquels Rémi Belleau, Laurent et Louis Maigret, André Le Roi, Martin de Villeneuve. Ils demeurèrent emprisonnés pendant de longs mois avant de comparaître devant le Parlement qui nomma gravement deux conseillers pour instruire l'affaire. Cette fois encore, Marot échappa au châtiment, mais il n'obtint sa liberté que sur les instances du secrétaire du roi de Navarre, Etienne Clavier, qui le cautionna.

---

(1) Journal d'un bourgeois de Paris, p. 417. « *Et le lendemain (22 janvier 1535) fut brûlée la femme d'un cordonnier demeurant près de l'Eglise Sainct-Séverin, qui estoit maistresse d'escole et mangeoit de la chair aux vendredys et samedys : et ce par sentence du lieutenant criminel, confirmée par arrêt (du parlement).* »

Ayant connu de tels exemples, Dolet n'ignorait pas qu'il se trouvait dans un mauvais cas. Il fit valoir des excuses péremptoires. S'il a rompu le carême, affirme-t-il, c'est au cours d'une maladie, sur le conseil d'un médecin et avec la permission d'un prêtre. Et il achève sa défense en protestant, une fois de plus, de sa parfaite soumission à l'Eglise dont il se dit *fils d'obédience*.

Tant de contrition et de déférence ne devaient pas toucher le Tribunal qui était ainsi composé :

Juges :

Mathieu Orry, inquisiteur général de la foi (1).

Etienne Faye, official et vicaire de l'archevêque de Lyon.

Assesseurs :

Maître Mathieu Bellièvre, licencié en droit, chanoine de Saint-Paul.

Jean de Bourg, frère prêcheur.

---

(1) Par lettres patentes du 30 mai 1536, François Ier accorda à Mathieu Orry, le droit d'exercer sa charge d'inquisiteur dans toute la France (anciennes lois françaises, t. XII, p. 503).

Co-assesseurs :

Guillaume Vendel, professeur de théologie.
Annemond Chalan, docteur en droit.

Maître Nicole Baconval, substitut du procureur général du roi, assistait aux débats.

Les juges ecclésiastiques prononcèrent leur sentence le 2 octobre 1542. Ils déclarèrent Dolet « *mauvais, impie, scandaleux, schismatique, hérétique, fauteur et défenseur des hérétiques et erreurs pernicieuses à la religion chrétienne* ». En conséquence, ils le livrent *au bras séculier*. En termes détournés, mais sans équivoque possible, c'était un arrêt de mort : la corde ou le feu. L'Église avait en effet imaginé un procédé pour tourner le précepte évangélique : tu ne tueras point. Elle fit inscrire, dans la loi, la peine de mort contre les hérétiques et se chargea de les découvrir. Elle ne prononçait pas elle-même la condamnation capitale, mais se réservait le soin exclusif de poursuivre l'accusé, de l'interroger et de le convaincre d'hérésie.

Puis, elle livrait le coupable au bras séculier qui rendait obligatoirement la sentence de mort. Le rôle des juges ecclésiastiques peut se comparer à celui des jurés modernes, avec cette aggravation essentielle qu'ils dirigeaient de plus l'instruction et les débats.

Un sort lamentable semblait donc réservé à Dolet.

Cependant il ne perd pas courage dans ce péril extrême et songe d'abord à gagner du temps. Transféré des cellules de l'archevêché dans la prison royale de la Rouane, il fait appel au Parlement de Paris, en premier lieu *comme d'abus* pour l'emprisonnement et certains actes de procédure irréguliers, en second lieu pour *incompétence* du tribunal ecclésiastique. En même temps, de puissants amis intercèdent en sa faveur auprès de François Ier et obtiennent des lettres-patentes qui dessaisissent le Parlement et évoquent le procès devant le conseil du roi.

Malgré cette première victoire, les mois se succèdent et Dolet reste prisonnier à Lyon sans qu'intervienne une décision définitive. A la suite de longs incidents demeurés obscurs l'affaire est de nouveau rendue au Parlement vers le mois de mai 1543, tandis que Dolet est conduit à Paris et enfermé à la Conciergerie. Tout espoir était perdu, si un très haut personnage, ému de cette infortune, n'eût entrepris de sauver l'écrivain qu'il connaissait depuis longtemps.

Pierre Duchâtel, évêque de Tulle, usa du grand crédit qu'il possédait auprès de François Ier, dont il était le lecteur habituel. Il lui présenta une supplique rédigée par Dolet et lui demanda avec chaleur de pardonner à un savant, victime de son amour des lettres et qui promettait de réformer ce qu'il y avait de coupable dans ses opinions religieuses.

Le roi hésitait. Il était sollicité en sens contraire. Son principal conseiller, le cardinal de Tournon, le pressait d'abandonner toute idée de bienveillance, lui représentant que les doctrines impies de l'accusé le rendaient indigne de pitié et qu'il ne fallait pas enlever à la justice ordinaire le soin de les réprimer. A la fin, l'indulgence l'emporta sur le fanatisme.

Duchâtel plaida avec tant de courage et de bonheur qu'il fut écouté (1). Le Parlement dut restituer les pièces du procès, et le conseil du roi les examina sans délai. Le bon évêque

---

(1) Dolet n'est pas le seul homme de lettres que sauva Duchâtel. L'évêque intervint aussi en faveur de Ramus et de Robert Estienne : « .. il détestait les persécutions... avait obtenu la grâce de Dolet qu'on voulait faire mourir comme un impie, avait arraché à leurs poursuites le fameux Robert Estienne... » L'abbé J. Duvernet. *Histoire de la Sorbonne*, t. I, p. 207.

redoubla de zèle et obtint un rapport favorable.

François Ier signa alors des lettres de rémission, étant à Villers-Cotterets (juin 1543).

En dépit de cet acte décisif, Dolet n'était pas au terme de ses tribulations. Le malheureux se débattit encore trois mois avant d'obtenir sa liberté.

Le Parlement de Paris était fort jaloux de son autorité; de plus, il avait à sa tête des hommes bornés et sectaires, tels que Pierre Lizet et François de Saint-André. Très offensés de voir un hérétique marquant soustrait à leur juridiction, les magistrats refusèrent l'ordre d'élargissement, et, pour couvrir leur résistance, prétendirent que les lettres de pardon accordées en 1537 pour le meurtre du peintre Compaing n'avaient pas été entérinées. L'omission de cette formalité, disaient-ils, faisait obstacle au plein effet de la grâce.

Informé de cette opposition inattendue, François Ier délivra à la Ferté-sur-Oise, le 1er août 1543, des lettres d'ampliation par lesquelles il signifiait sa volonté de faire bénéficier Dolet d'une amnistie sans restriction. Le Parlement ne se tint pas pour battu et osa élever encore des difficultés. L'écrivain fit l'objet d'interrogatoires et de procédures dont le détail n'a pas été conservé.

Outré de cet entêtement et d'ailleurs poussé par Duchâtel, le roi envoya de Sainte-Menehould, le 21 septembre suivant, des lettres patentes enjoignant en termes impérieux à la cour de justice d'enregistrer sa décision du 19 février 1537 et celle du mois de juin 1543 ; sinon dans un délai de quinzaine, les magistrats récalcitrants auraient à donner les raisons de leur résistance « *aultrement que vous aiez à nous mander les causes pour lesquelles ne voullez passer oultre, dans quinze jours prochainement...* »

L'injonction royale débute cette fois par une formule élogieuse, réservée d'ordinaire aux gens les plus distingués dans l'Etat : « *Reçu avons l'humble supplication de nostre bien amé Estienne Dolet* (1) ». Dans les deux documents antérieurs signés par le roi, ce qualificatif de très haute faveur *notre bien aimé* n'avait pas été employé. Un tel langage, très significatif, était d'ailleurs suivi d'un ordre si sèchement exprimé, que le Parlement s'inclina. Dans la séance du 13 octobre 1543, la cham-

---

(1) Registres criminels du Parlement de Paris, n° 96, p. 870 (Archives nationales).

bre de la Tournelle procéda à l'accomplissement des formalités nécessaires et ordonna la mise en liberté. L'arrêt, qui est signé par le président de Saint-André et le conseiller rapporteur Hurault, mentionne que Dolet abjurera devant l'official de Paris ou son vice-gérant, les erreurs énumérées au cours du procès. Quant aux livres prohibés, *ils seront brûlés et mis en cendres*. Ces dispositions accessoires étaient déjà stipulées dans les lettres de grâce du roi.

L'écrivain dut, en conséquence, rétracter tout ce qui paraissait contenir, dans ses ouvrages ou ses opinions, quelque hardiesse ou quelque nouveauté. Ne pas accepter cette humiliation, c'était rouvrir les poursuites et se condamner au dernier supplice. Or, si Dolet était brave, il n'avait pas l'étoffe d'un martyr. Il ne tenait pas à ses idées jusqu'à leur sacrifier délibérément sa vie ; peut-être pensait-il aussi que ses charges de famille ne l'y autorisaient pas. Son ami, le poète Clément Marot, n'avait-il pas déjà donné le spectacle d'une abjuration formelle, non pour sauver son existence, mais pour être admis à rentrer dans sa patrie ?

Pendant cette angoissante et longue affaire,

Dolet ne perdit jamais courage. Il n'était pour ainsi dire pas seul dans sa cellule. Il avait avec lui, pour le consoler et le fortifier, les œuvres de Cicéron, son maître préféré. Aux heures d'inquiétude, il philosophait sur le devoir et la sagesse avec ce discoureur de génie dont la pensée ne fut jamais tourmentée; et ces entretiens muets lui apportaient le calme et la force qu'il y cherchait.

Avant son arrestation, il avait commencé de traduire les Tusculanes ; au cours de sa détention, il reprit son travail et s'y appliqua pendant le temps qu'il ne consacrait pas à préparer et à présenter ses moyens de défense. Dès qu'il eut achevé le troisième livre, il parvint à faire publier sa traduction, étant encore emprisonné (1543) (1). Quel que soit le jugement que l'on porte sur Dolet, il faut louer ici sa belle fermeté d'âme. Placé sous le coup d'une sentence qui évoquait invinciblement la sinistre image du bûcher, il demeure neuf mois dans une affreuse attente et constamment domine la vision du supplice en agitant, dans le silence et la solitude affolante d'un cachot, les

(1) L'épître au roi placée en tête de cette traduction est datée de la prison de la Rouane à Lyon (voir un exemplaire de la première édition conservé à la bibliothèque municipale de Dôle).

grands problèmes de la destinée humaine. On sait en effet que dans les Tusculanes, Cicéron développe ces pensées : la mort n'est pas un mal, puisqu'elle est le passage à une vie meilleure et donne l'immortalité; la douleur non plus n'est pas un mal et ne doit arracher aucun gémissement à l'homme de cœur; il n'y a de mauvais et l'on ne doit craindre que ce qui est bas, vil ou criminel.

Méditer sur de telles questions était une noble préparation à quitter la vie. Ainsi s'apprêtait à mourir le philosophe antique.

VII

UN COMPLOT — UNE ÉVASION

Rendu à la liberté, Dolet retourne à Lyon, où l'appellent sa famille et ses intérêts. Il rentre ruiné dans une maison qu'il a quittée prospère. Son éloignement a duré bien plus d'une année, et non seulement ses affaires sont restées à l'abandon, mais encore de nombreux ouvrages ont été saisis dans sa librairie, sur l'ordre de l'Inquisition. Sans récriminer, du moins tout haut, sur ce désastre, il se remet à la besogne avec une ardeur que de nouvelles infortunes vont bientôt arrêter pour toujours.

La rude expérience qu'il vient de faire lui a cependant inspiré une crainte salutaire. Il veille sagement sur tout ce qui sort de sa plume ou de ses presses, bien décidé à rejeter tout livre de nature à fournir des armes à ses ennemis et à réveiller les défiances des autorités ecclésiastiques.

Il était tenu à d'autant plus de circonspection que les lettres de grâce considéraient comme valables tous les chefs d'accusation récemment portés contre lui, et avaient simplement dispensé du châtiment un *coupable*, sous la condition formelle d'abjurer les doctrines incriminées.

Pour décourager la censure aux aguets, Dolet écrit peu, évite de critiquer, et plus encore de toucher aux matières de la religion. Il imprime des traités moraux ou des textes d'auteurs anciens, tels que les *Commentaires de César*.

Tant de retenue chez un homme qui, jusqu'alors, avait marché sans crainte aux aventures, trompait le désir des ennemis de l'écrivain, et en premier lieu des imprimeurs de Lyon. Il leur parut bientôt certain que, désormais, ses discours, comme ses actions, échapperaient au soupçon de lèse-orthodoxie. Alors, de colère, voyant leurs secrètes attentes compromises, ils conçurent de misérables desseins. Leur vengeance anonyme choisit le plus lâche stratagème.

Ils réunirent des livres prohibés, imprimés chez Dolet, et des publications protestantes parues à Genève, puis en firent deux ballots portant bien en vue le nom d'Étienne Dolet, et les expédièrent à Paris. L'envoi fut aussitôt saisi, et, malgré la grossièreté du complot, on lança un mandat d'arrêt contre le prétendu coupable.

Comment admettre que l'humaniste, sortant brusquement de la réserve qu'il s'était imposée et savait nécessaire, ait pu commettre une aussi folle imprudence? Pourquoi cet envoi, puérilement téméraire, auquel nul intérêt ne le poussait et qui ne pouvait être que funeste? Pourquoi avoir affiché son nom en grosses lettres, lui, suspect et entouré d'ennemis? S'il eût été le véritable expéditeur, une prudence élémentaire lui eût commandé d'agir dans le plus grand secret. Il venait à grand'peine d'échapper à la mort, et bien naturellement ne souhaitait pas de s'y exposer de nouveau par vaine bravade.

Jeté malgré lui au milieu du danger, il n'eut d'autre ressource que de protester très haut contre la machination dont il était victime. Mais, comme il fallait s'y attendre, on n'écouta pas ses cris d'innocence et on l'arrêta au moment où il fêtait en famille le jour des Rois (6 janvier 1544).

Anxieux à bon droit sur l'issue de cette nouvelle affaire, il décida de chercher sans retard le salut dans la fuite.

Dès le troisième jour, il persuada au geôlier qu'un débiteur devait se rendre à son logis pour payer une créance le jour même, entre ses mains, ajoutant qu'il perdrait toute la somme s'il n'était présent pour la recevoir.

Dolet, qui a raconté lui-même les détails de son évasion (1), dit qu'il gagna son gardien en lui révélant qu'il possédait en cave quelques pots d'excellent vin et qu'ils boiraient ensemble *le muscat à plein fonds*. Il est probable qu'il lui promit aussi quelque don d'argent.

Avant l'aube,

Contrefaisant le marmiteulx, le doulx,
Doulx comme ung chien couchant ou ung renart
Qui jecte l'œil çà et là, à l'escart,
Pour se saulver des matins qui le suivent,

le prisonnier, escorté du geôlier et de quatre sergents, se dirige vers sa maison de la rue

(1) *Le second Enfer* (épitre au roi).

Mercière. Il frappe et la porte s'entre-bâille. D'un bond, il franchit le seuil, et, sous la poussée d'un complice, l'huis se referme en coup de vent sur le nez des gardiens, tandis que, par une issue dérobée donnant du côté de la Saône, Dolet quitte la place. Pour plus de sûreté, il passa rapidement la frontière et se rendit en Piémont.

A la nouvelle de cette évasion qui renversait leurs projets, les ennemis de l'écrivain se vengèrent comme ils purent. Ne pouvant le brûler en personne, ils brûlèrent sa pensée écrite et les productions de son imprimerie. Ils préludaient au drame prochain, au feu de chair par un feu de livres.

L'inquisiteur de la foi obtint, le 14 février 1544, un nouvel arrêt du Parlement de Paris (1) ordonnant une exécution particulièrement solennelle de l'autodafé prescrit par le jugement du 13 octobre 1543.

Sur le parvis de l'église Notre-Dame, on fit un grand tas de tous les exemplaires que l'on put découvrir des ouvrages suivants :

(1) Cet arrêt, signé par Pierre Lizet, premier président, et par de Montmirel, rapporteur, est cité par Duplessis d'Argentré (*collectio judiciorum de novis erroribus*, t. II, pp. 133 et 134). M. Taillandier l'a relevé sur les registres originaux du Parlement de Paris.

Les Gestes du Roy.

Épigrammes de Dolet (Carmina).

Caton chrestien.

L'Exhortation à la lecture de la saincte Escripture.

La Fontaine de vye.

Les cinquante-deux Dimanches.

Les Heures de la compaignie des pénitens.

Le Chevalier chrestien.

La manière de se confesser (d'Érasme).

Le sommaire du vieil et du Nouveau Testament.

Le Nouveau Testament.

Loci communes (de Melanchthon).

Unio dissidentium (de Bodé).

La Bible de Genève.

Institutio religionis christianæ (de Calvin)

Puis on les brûla *au son de la grosse cloche*, comme *contenant damnée, pernicieuse et hérétique doctrine*.

L'arrêt ajoute que la cérémonie expiatoire servirait « *à l'édification du peuple et à l'augmentation de la foy chrestienne et catholique* (1) ».

De tout temps, certes, des feux en plein

---

(1) *Procès d'Estienne Dolet*, p. 81.

air, sur les voies publiques, ont suffi pour amuser la foule, et sans doute les spectateurs de la brûlerie dont les reflets éclairèrent les tours de Notre-Dame, furent mis en liesse; le public habituel des parades, bons badauds mêlés aux mauvais garçons, *malingreux, pilleurs, francs-mitoux, sabouleux, coquillards et tire-laine*, s'y bouscula et poussa de grands cris en se chauffant, car on était au cœur de l'hiver (février). Ce fut une fête et une aubaine. Mais le feu de joie fut-il un feu *d'édification pour le peuple*, comme il était dit dans la sentence? Combien, dans la foule des oisifs qui s'assemblèrent, pouvaient seulement nommer les œuvres qui flambaient? Combien étaient-ils même qui savaient lire? Pas un, peut-être, ne connaissait le nom de Dolet et n'était capable d'expliquer ce que signifiait ce vaste embrasement de papiers imprimés.

Pour ne pas retomber aux mains de ses ennemis et se soustraire à la menace terrible de l'Inquisition, Dolet paraissait condamné à passer le reste de ses jours à l'étranger. Mais il ne put se résigner à vivre loin de son pays. Trop de raisons le déterminaient à y retourner: le besoin d'argent, la nostalgie, le désir de revoir sa femme et son fils, le dommage sans cesse plus considérable causé au seul bien matériel qu'il possédait, son imprimerie. Aussi, revint-il secrètement en France, au bout de six mois, espérant, par son éloquence et le crédit de ses amis, triompher de l'opiniâtre coalition qui l'opprimait. Vaine illusion de la sincérité et du désespoir!

Il avait l'intention de former un livre de quelques épîtres en vers, écrites pendant son exil au sujet de son dernier emprisonnement, et d'aller ensuite les présenter au roi en implorant pitié et justice. Arrivé à Lyon, il les imprima clandestinement sous le titre de *Second Enfer d'Estienne Dolet* (1), et y ajouta, pour grossir un peu l'ouvrage, la traduction de deux dialogues philosophiques, l'*Axiochus* et l'*Hipparchus*.

Ces épîtres constituent un heureux et habile plaidoyer : l'auteur montre la haine attachée à ses pas, se justifie des accusations dont on le noircit, et, par une contradiction assez naïve, conclut en promettant d'être, à l'avenir, plus sage et plus zélé (2).

(1) Il annonçait, dans la préface, qu'il composerait plus tard le *Premier Enfer*, à propos de sa captivité de quinze mois.

(2) Nous réservons une analyse plus attentive pour la seconde partie de cette étude. (Voir p. 200 à 208.)

Le *Second Enfer* était, en somme, destiné à émouvoir les plus puissants personnages du royaume en faveur d'un persécuté et à lui concilier leur protection. L'auteur adresse successivement ses suppliques au roi (deux), au duc d'Orléans (deux), au cardinal de Lorraine (1), à la duchesse d'Étampes, maîtresse du roi (deux), au Parlement de Paris, aux magistrats de Lyon, à la reine de Navarre, au Cardinal de Tournon, et, enfin, à ses amis.

Malheureusement, le retour de Dolet s'ébruita et l'on sut qu'il préparait une satire pour flageller ses ennemis et établir son innocence. Il est probable que, de son côté, l'écrivain fut informé que sa présence était dénoncée ; il dut tenter de s'échapper, mais en vain. Il fut pris et mené sous bonne garde. Les frais de poursuite, d'arrestation et d'escorte s'élevèrent à plus de mille écus (2). *Jacques de Vaulx, messager de justice*, soumit au Parlement de Paris l'homologation de cette dépense, fort élevée pour l'époque.

---

(1) Le cardinal de Lorraine porta à son comble le cumul des évêchés et des bénéfices. Il fut, *en même temps*, archevêque de Lyon, de Reims et de Narbonne ; évêque de Metz, de Toul, de Verdun, de Thérouanne, de Luçon, d'Albi, de Valence et d'Agen ; abbé de Gorze, de Fécamp, de Cluny et de Marmoutier. (Gaillard. *Histoire de François I*^{er}, 1776, t. IV, p. 85.)

(2) *Procès d'Estienne Dolet*, pp. 35 et 36.

On ne connaît pas le lieu où l'infortuné fut appréhendé, mais, à la fin du mois d'août 1544, il était conduit à Paris et reclus dans la prison de la Conciergerie.

Il n'en devait sortir que deux ans plus tard pour marcher au supplice.

VIII

LE PROCÈS FINAL

Il ne subsiste que de rares documents sur le dernier acte du drame. Jusqu'au bout, l'écrivain se défendit avec énergie, mais il apparut vite que la lutte était sans espoir. Plusieurs de ses amis étaient disparus et, de ceux qui restaient, aucun n'osa plus le secourir. Dès lors, que pouvait-il seul contre un tribunal férocement hostile, décidé de parti pris aux dernières sévérités ? Dans ce combat trop inégal, l'isolé devait être accablé.

Contrairement à la croyance générale, ce n'est pas un tribunal ecclésiastique, ce n'est pas l'Inquisition qui a poursuivi, jugé et condamné Dolet. Le fameux *bras séculier* s'est mis de lui-même en mouvement, a décrété la poursuite, dirigé l'instruction et prononcé l'arrêt de mort. La principale responsabilité de cet acte incombe à la plus respectée, la plus savante, la plus haute juridiction du royaume de France, le Parlement de Paris lui-même. La sinistre besogne a été assumée par cette cour dont les membres donnèrent au xvi° siècle tantôt l'exemple des plus hautes vertus, de la plus admirable intégrité, et tantôt les marques de l'esprit le plus sectaire (1).

En 1543, l'Inquisition avait enfermé Dolet dans les cachots de l'archevêché, et après avoir constitué un dossier criminel, mit tout en œuvre pour réduire l'accusé au silence définitif. Elle avait cru y parvenir en le livrant comme hérétique au *bras séculier*.

En 1544, les rôles sont renversés. C'est le Parlement seul qui ordonne l'arrestation de Dolet, le fait reclure à la Conciergerie et conduit le procès. La sentence elle-même le spé-

(1) Que dire, par exemple, de ces conseillers qui interrompirent leurs vacances pour condamner le cadavre de l'amiral de Coligny « *si toutefois on le retrouve* », à être pendu et porté au gibet de Montfaucon ? (25 septembre 1572). Que dire de l'état d'esprit d'un Parlement qui osa ordonner une procession annuelle pour glorifier le souvenir des massacres de la Saint-Barthélemy ?

cifie : « ... *Vu par la cour le procès fait* PAR ORDONNANCE D'ICELLE, *à l'encontre d'Estienne Dolet...* »

Mais le Parlement ne put ou n'osa tramer l'affaire tout seul. Il s'appuya sur la Faculté de théologie pour trouver le subterfuge qui devait permettre de prononcer une condamnation capitale.

Une section de la cour souveraine, la *grand'chambre*, était tout particulièrement inexorable lorsqu'il s'agissait de délits religieux : les juges qui y siégeaient (1) se signalaient depuis longtemps par leur zèle cruel, et ce fut justement devant eux que Dolet comparut.

Les conseillers de la grand'chambre avaient à leur tête le magistrat le plus borné et le plus intolérant de tous ceux qui se sont succédé à la première présidence de la cour. Pierre Lizet, porté par une fortune aveugle au faîte de la carrière, a laissé la mémoire d'un homme ignorant et fanatique, autoritaire, de mœurs dissolues et platement ambitieux. Il se glorifiait de poursuivre les hérétiques et rêvait comme une œuvre pie de les exterminer. Il

(1) On entrait à la grand'chambre par tour d'ancienneté dans le Parlement.

détestait particulièrement les écrivains et les érudits, au point d'oser persécuter Nicolas Cop, recteur de l'Université, qui s'enfuit à Bâle, et des savants tels que François Vatable, Paul Paradis et Guidacier. Il n'eut que la vertu de ceux qui ont une foi ardente dans leurs idées et prétendent les imposer : il fut incorruptible, si bien qu'après sa disgrâce en 1550, il put orgueilleusement déclarer au cardinal de Lorraine *qu'après avoir esté trois ans conseiller au Parlement, douze ans avocat du Roy et vingt ans premier président, il n'avoit pas acquis autant de terre qu'il n'en avoit sous la plante de ses pieds* (1).

La dévotion le poussa vers l'état ecclésiastique, lorsque le parti des Guises l'eut contraint à résigner ses fonctions de magistrat. Il obtint l'abbaye de Saint-Victor (2) et y mourut en 1554, après avoir obtenu la prêtrise. Il écrivit en latin plusieurs traités religieux : *De la Confession auriculaire* — *De l'aveuglement de notre siècle*, etc. Le protestant Théo-

---

(1) Du Breuil. *Antiquités de Paris*, 1639, p. 323.

(2) Les bâtiments de l'abbaye ont été démolis en 1813. Sur leur emplacement s'élève aujourd'hui la halle aux vins. Rabelais donne un plaisant catalogue des livres que contenait la bibliothèque de l'abbaye. (*Pantagruel*, II, 7).

dore de Bèze qui le ridiculisa dans son *Épitre de Benoit Passavant*, assure qu'il les composa bien avant son ordination.

Ce fut un tel homme qui dirigea les débats de l'affaire Dolet. Il ne voulut céder ce soin à personne. Par dérogation à l'ordonnance de 1545 qui confiait à la chambre de la Tournelle le jugement des causes criminelles, tandis que la grand'chambre n'intervenait que pour les nobles ou les hauts fonctionnaires, Pierre Lizet, sans doute dans la crainte que la Tournelle n'usât de clémence, évoqua l'affaire devant la grand'chambre.

Il était trop facile de prévoir comment ce fanatique allait traiter un accusé qui lui paraissait abominable, non seulement parce qu'on le soupçonnait d'hérésie, mais parce qu'étant imprimeur (1) et homme de lettres passionnément épris des littératures païennes, il incarnait des états odieux au très dévot président.

(1) Parmi les nombreux hérétiques qu'il condamna, Pierre Lizet se vante notamment dans une lettre du 16 avril 1538 au grand-chancelier Antoine du Bourg (oncle du conseiller Anne du Bourg, pendu et brûlé comme hérétique en 1559), d'avoir fait monter sur le bûcher plusieurs imprimeurs : «... lesquelz livres ont esté bruslés avec le dict La Garde, *libraire et aultres exécutés* ces jours passés à mort... » Herminjard. *Correspondance des réformateurs*, n° 702. C'est encore P. Lizet qui fit emprisonner Jean Morin, l'éditeur du fameux *Cymbalum mundi*. (Registres criminels du Parlement de Paris, 4 mars 1538).

De plus, Lizet avait été très lié avec Noël Béda (1), syndic de la Sorbonne, et peut-être se souvenait-il que Dolet s'était élevé sans ménagement dans ses écrits contre l'action malfaisante de ce Béda (2). Enfin l'humaniste avait traduit ou tout au moins publié la Bible en français, et n'était-ce pas là un crime irrémissible aux yeux d'un magistrat qui a composé un long fatras pour démontrer uniquement que la Bible ne doit pas être traduite en langue vulgaire (3) ! Voici d'ailleurs le titre de cet ouvrage : « *De sanctis scripturis in linguas vulgares non vertendis.* »

Par malheur, Pierre Lizet n'était pas la seule laide figure de la grand'chambre. Elle dominait, mais son âpreté se reflétait sur le procureur général, *Noël Brulart, baron de Crosne*, catholique intransigeant, sur *Gilles le Maistre*, avocat général, impitoyable ennemi des protestants, et sur le conseiller *Etienne de Mont-*

---

(1) Le Grand. *Histoire du divorce d'Henri VIII*, t. III, p. 473. « *Le premier président Lizet a tant la sainteté de Béda persuadée, qu'il ne peut croire de lui les fautes mêmes qu'il en voit* ».

(2) Voir chapitre : *Son caractère*, p. 244 et 245.

(3) Déjà Pierre Lizet avait ordonné à trois professeurs, Vatable, Guidacier et Paradis, titulaires de chaires créées au Collège de France par François I*er* « *de ne plus lire et interpréter aucun livre de la Sainte-Écriture en langue hébraïque ou grecque* ». Registres criminels du Parlement du 14 janvier 1534.

mirel, rapporteur dans ce procès, et qui l'avait déjà été dans l'affaire du 14 février 1544, où l'on ordonna le brûlement des livres prohibés.

Deux présidents à mortier, *François de Saint-André* et *Antoine Minart* ne valaient guère mieux que leur chef Lizet ; c'est assez dépeindre leur rage intolérante et leur âme inexorable en disant qu'ils contribuèrent avec *Gilles le Maistre* à faire brûler pour hérésie un de leurs collègues, le conseiller *Anne du Bourg*.

Enfin, le troisième président du Parlement de Paris, Jean Bertrandi, homme aussi pieux qu'ambitieux (1), était très mal disposé à l'égard de l'accusé qu'il avait connu dans de fâcheuses circonstances. Lorsque l'humaniste étudiait à Toulouse, Bertrandi siégeait comme deuxième président à mortier au Parlement de cette ville ; il appartenait donc à un tribunal que Dolet avait grossièrement critiqué (2), et qui avait dû, en fin de compte, le traiter comme

---

(1) Bertrandi occupa les fonctions de garde des sceaux de 1551 à 1556, par la faveur de la maîtresse du roi, Diane de Poitiers. Après la mort de sa femme, il entra dans les ordres, devint évêque de Comminges, archevêque de Sens et enfin cardinal.

(2) Voir p. 10 à p. 12.

séditieux et décréter son exil du pays toulousain.

Fallait-il attendre quelque mansuétude de pareils magistrats (1)? Tout conspirait contre le malheureux. Abandonné de ses protecteurs et livré à la plus inflexible section du Parlement, poussée sans doute par la meute des ennemis de l'accusé, il devait succomber victime des passions religieuses et aussi des haines accumulées, de l'esprit du temps, de la rudesse des mœurs exprimée dans les lois, des préjugés et de l'étroitesse de cœur de ceux qui allaient arbitrer son sort.

Déjà, dans le procès de 1544, le Parlement avait décelé son intention bien arrêtée de sévir, en essayant obstinément de faire échec, par des artifices de procédure, à la grâce accordée par le roi. Dolet avait cependant échappé à la malveillance de ses juges ; mais une année ne s'était pas encore écoulée et il retombait en leur pouvoir. Alors, ceux-ci, dont le siège était fait, n'eurent plus qu'un souci : trouver un motif ou plutôt un prétexte de condamnation suprême.

---

(1) Dans une seule journée, le 20 octobre 1546, c'est-à-dire deux mois après l'exécution de Dolet, ils condamnèrent cinquante habitants de Meaux, plus ou moins accusés d'hérésie, et en firent brûler quatorze ! (*Registres criminels du Parlement*, cote 84).

La tâche était malaisée, et ils n'en pouvaient venir à bout tout seuls. Il fallut appeler à la rescousse la Faculté de théologie.

L'instruction porta d'abord sur l'envoi des livres prohibés, parvenus à Paris en deux ballots, sous le nom de Dolet, et en second lieu, sur l'évasion et la fuite de l'écrivain. C'est ce qu'il faut entendre par ces mots de l'arrêt : *exposition de livres dampnés et sédition*.

Mais un acte d'accusation basé sur le premier grief eût été trop fragile, et quant au second, il ne pouvait entraîner la peine grave que souhaitait la grand'chambre.

Il fallut donc chercher quelque délit mieux établi ou d'apparence plus solide, quelque bon péché capital, une faute contre le dogme, probante, de nature à lever les hésitations et à dégager les responsabilités de la cour. Mais le champ à explorer était bien étroit. L'amnistie accordée par François Ier à Dolet en 1543, le couvrait dans le passé et *dans l'avenir* pour toutes les accusations énumérées au procès, et depuis lors, l'écrivain s'était montré prudent dans ses écrits et dans ses actes. Néanmoins, il avait publié le *Second Enfer*. Le Parlement dut se rabattre sur cet ouvrage et confier à la

Faculté de théologie, où dominaient les docteurs de Sorbonne, le soin d'y découvrir quelque proposition sentant l'hérésie.

Les casuistes eurent beau éplucher les épîtres du *Second Enfer*, ils ne réussirent pas à y relever le moindre passage scabreux. Restait la traduction de deux dialogues grecs *l'Axiochus* et *l'Hippachus* (1), que Dolet avait cru bon d'ajouter aux épîtres. Les théologiens fouillent cette traduction et arrivent à reprendre dans l'ensemble un simple membre de phrase. Ils s'en emparent, et en l'isolant du contexte, lui attribuent un sens que le traducteur expiera sur le bûcher.

Le passage incriminé se trouve dans *l'Axiochus*, qui n'est autre chose qu'une démonstration de l'immortalité de l'âme, faite par Socrate à ses amis Axiochus et Clinias :

Socrate : « ... Elle (la mort) ne peult rien sur toi, car tu n'es pas encore prest à décéder, et et quant tu seras décédé, elle n'y pourra rien aussi, attendu que TU NE SERAS PLUS RIEN DU TOUT... partant de ceste prison du corps, tu te trouveras soubdain en ung lieu où toutes choses sont tranquilles et récréatives, où

---

(1) On les attribuait alors à Platon. On croit plutôt aujourd'hui qu'ils furent écrits par Xénocrate ou par Eschine.

jamais vieillesse n'aborde. Là, tu passeras ta vie en repos, sans aucune incommodité, paisiblement, joyeusement, suivant la pure vérité de philosophie... »

Le 14 novembre 1544, la Faculté de théologie tint une séance solennelle *(in aula congregationis*, relate d'Argentré qui nous a transmis un extrait du registre des délibérations de cette Faculté), déclara que ces mots *après la mort tu ne seras plus rien du tout*, étaient hérétiques, inspirés des doctrines des Saducéens (1) et des Épicuriens (2) *(quæ quidem judicata fuit hæretica, conspirans opinio Saduceorum et Epicureorum...)* et nomma des

---

(1) L'historien juif Flavius Josèphe, qui florissait au premier siècle de notre ère, s'exprime ainsi sur les Saducéens : « Ils croient que les âmes meurent avec les corps, que la seule chose que nous soyions obligés de faire est d'observer la loi, et que c'est une action de vertu que de ne pas vouloir aller aussi loin dans la sagesse que ceux qui nous l'enseignent. Cette secte est peu nombreuse, mais elle se compose de personnes de la plus haute condition » *Antiquités Judaïques*, livre XVIII, chap. 1.

(2) Les théories épicuriennes proposent le plaisir comme fin suprême, mais le plaisir par la vertu. Elles ne font aucune place au sentiment mystique. La vie terrestre doit seule occuper le sage. Cette doctrine dont l'élégance esthétique et morale, est, en général, mal connue, fut, après plusieurs siècles d'oubli, reprise pendant la Renaissance. Érasme, dans *les Colloques*, s'efforça de démontrer qu'elle a d'intimes analogies avec la doctrine chrétienne. L'ondoyant Montaigne fut un épicurien sans muscles : « Toutes les opinions du monde en sont là que le plaisir est notre but... quoiqu'ils disent, en la vertu même, le dernier but de notre visée, c'est la volupté »! (*Essais*, I, 19).

experts « *des députés en matière de foi* », chargés de prononcer en dernier ressort.

Ces doctes personnages, si savants qu'ils écrivirent dans leur rapport *Açochius* pour *Axiochus*, aggravèrent les conclusions de la Faculté et affirmèrent que les mots RIEN DU TOUT n'existaient ni dans le texte grec ni dans la version en latin, et que seule, l'opinion de Dolet les avait placés dans la traduction française. « Le passage, dirent-ils, est mal traduit, et contre l'intention de Platon... (1) »

Si l'on s'en tient rigoureusement à la lettre, cette critique peut sembler exacte. Le texte grec porte seulement : « σὺ γὰρ οὐχ ἔσει », et le latin : « *tu enim non eris* » (2). Mais l'esprit général du dialogue ne laisse aucun doute sur la valeur de ces mots *rien du tout*. Leur addition ne change pas le sens de la phrase ; il l'alourdit, mais ne le fausse pas. Une lecture attentive et complète du dialogue lève toute incertitude. Le traducteur, selon le regrettable penchant d'un naturel outrancier et trop autoritaire, entendait simplement accentuer,

---

(1) Duplessis d'Argentré. *Collectio Judiciorum*. t. I, p. 14 de l'index.

(2) Au temps de Dolet, plusieurs traductions latines de l'*Axiochus* avaient été publiées et il se servit sans doute de l'une d'elles, plutôt que du texte grec, pour faire sa traduction française.

renforcer la proposition « *après la mort tu ne seras plus* » en juxtaposant ces mots « *rien du tout.* » C'est là le travers des discoureurs qui n'affirment rien qu'*absolument*.

D'ailleurs, Dolet avait formellement expliqué sa pensée quelques pages avant l'extrait censuré. Voici comment il fait parler Socrate :

« ... Semblablement il t'en prendra ainsi après la mort... car il est certain que tu ne seras *rien quant au corps*... l'homme consiste de l'âme et c'est un animal *immortel* enclos dedans un tabernacle *mortel*... »

C'est un bas procédé que de détacher un passage de l'ensemble dont il fait partie et d'apprécier dans sa nudité une citation tronquée, en lui attribuant un sens indépendant de ce qui précède ou de ce qui suit. Cette fourberie permet les interprétations les plus contraires à la vérité. Mais il ne s'agissait pas seulement ici de dénaturer, de trahir pour les besoins d'une polémique, la pensée d'un auteur, et d'extraire d'une phrase ce qui n'y était point contenu. L'ignorance et le défaut de compréhension (peut-être la mauvaise foi) de la Faculté de théologie (1) et de ses suppôts,

---

(1) Ces fameux docteurs de théologie ou de Sorbonne, qualifiés de maîtres des sentences, maîtres en divinité, puis de très sages

les députés en matière de foi, aboutissaient à faire pendre et brûler le traducteur. Les conséquences de leur verdict étaient si tragiques que leur acte prend tournure de crime.

Une telle responsabilité n'inquiéta guère les docteurs théologiens. Insoucieux des nombreuses déclarations spiritualistes de l'accusé (1), et sans tenir compte du sens général de l'*Axiochus*, dont chaque page, chaque ligne démentait leur jugement, ils déclarèrent sans appel que Dolet avait commis un contresens volontaire. Cela revenait à dire qu'il niait l'immortalité de l'âme.

Rien n'était plus grave que cette prétendue faute de traduction. Le Parlement la releva

---

maîtres, qui consumaient leur vie sur les œuvres du docteur *évangélique*, du docteur *séraphique*, du docteur *subtil*, du docteur *irréfragable*, du docteur *solennel*, du docteur *invincible* et du docteur *ailé*, furent souvent aussi dénués d'esprit qu'extravagants de fanatisme. Ne s'avisèrent-ils pas de réclamer à Henri II des mesures de rigueur contre l'évêque Duchâtel qui avait dit dans l'oraison funèbre de François I*er* « que le roi était monté au ciel sans avoir passé par le purgatoire, ou tout au moins sans s'y être arrêté longtemps. Ces paroles parurent à la Sorbonne une dérision du purgatoire... » L'abbé Duvernet, *Histoire de la Sorbonne*, t. I, p. 206. On ne peut oublier que les Sorbonistes ont demandé et obtenu la mise en jugement de Jeanne d'Arc. Il faut cependant les louer d'avoir accueilli les premiers imprimeurs venus en France et favorisé leurs travaux.

(1) Voir le chapitre : Ses croyances.

comme un affreux *blasphème* (1) et sous ce nom, en fit le principal grief de l'accusation.

Trois monosyllabes « *rien du tout* » décidaient de la mort d'un homme.

Nous ne savons rien sur les moyens de défense que présenta le malheureux Dolet. Ce qui est certain, c'est qu'ils demeurèrent tous inutiles. Les dépositions des témoins sont également inconnues, mais il est permis de croire que les nombreux ennemis de l'écrivain-imprimeur saisirent l'occasion de l'accabler en déposant contre lui.

Il était emprisonné depuis deux années, deux longues années d'angoisses, lorsque le Parlement, fort de la complicité de la Faculté de théologie, osa le condamner.

Le 2 août 1546, la grand'chambre, uniquement composée de conseillers *laïques* (les con-

---

(1) Le Parlement de Paris était particulièrement féroce envers les blasphémateurs. On lit dans une relation de l'époque, *le Journal d'un Bourgeois de Paris*, les récits de plusieurs exécutions ordonnées pour blasphèmes. Un de ces récits est saisissant (page 403). Le jeudi, 19 août 1529, un drapier du nom de Regnault fut brûlé vif en place de Grève « *pour ce qu'il estoit blasphémateur de Dieu et de la Vierge Marie* ». On l'arrêta un jour, où, ayant perdu tout son argent aux dés et étant plein de fureur, il lançait des jurons « *en despit de Dieu et de la Vierge* ». Le bailli du palais le condamna à faire amende honorable pendant trois jours. Mais Regnault eut la mauvaise idée d'en appeler au Parlement qui le condamna impitoyablement à être brûlé vif!

seillers clercs se retiraient toujours au moment du vote, lorsque la sentence pouvait emporter condamnation capitale) (1), avec Pierre Lizet comme premier président, Noël Brulart, baron de Crosne, comme ministère public et Etienne de Montmirel comme rapporteur, prononça l'arrêt fatal. Dolet put l'entendre sans surprise. N'avait-il pas déjà composé, dans sa cellule de la Conciergerie, un poème (2) dans lequel il prévoyait sa fin prochaine, s'encourageait à ne pas proférer d'inutiles regrets et élevait son âme vers Dieu.

La cour ordonna qu'il serait pendu et puis brûlé; stipula qu'avant l'exécution, il subirait la torture, et que, dans le cas où sur le lieu du supplice, il causerait du scandale ou dirait quelque blasphème, il aurait la langue coupée et monterait vivant sur le bûcher (3). Quant à ses biens, ils étaient confisqués en totalité. Au reste, voici la teneur de l'arrêt dans ses clauses essentielles :

« *Du deuxième jour d'août, l an mil cinq*

---

(1) Charles Desmaze, *Le Parlement de Paris*, p. 71.
(2) Nous en reproduisons les principaux passages, p. 211 à 213.
(3) Le Parlement employait toujours cette menace pour empêcher les condamnés soit de protester de leur innocence avant de mourir, soit de confesser leurs opinions devant le peuple.

« *cents quarante six*, EN LA GRAND'CHAMBRE (1)...
« *vu par la cour le procès* FAIT PAR ORDONNANCE
« D'ICELLE *à l'encontre de Estienne Dolet,*
« *prisonnier en la conciergerie à Paris,*
« ACCUSÉ DE BLASPHÈME ET SÉDITION ET EXPOSITION
« DE LIVRES PROHIBÉS ET DAMPNÉS, *et aultres cas*
« *par lui faits et commis depuis la rémis-*
« *sion, abolition et ampliation à luy donné*
« *par le Roy au mois de juin et au premier*
« *jour d'août 1543, ainsi que le tout est plus*
« *à plein contenu au dict procès contre luy*
« *faict*, LES CONCLUSIONS SUR CE PRISES PAR LE PRO-
» CUREUR GÉNÉRAL DU ROY (2), *et* OUÏ ET INTERROGÉ
« SUR LES DICTS CAS PAR LA DICTE *court le* DICT
« PRISONNIER (3)... *il sera dict que la dicte*
« *court a condamné le dict Dolet prisonnier,*
« *pour réparation des dicts cas, crimes et*
« *délits à plein contenus au dict procès*
« *contre lui fait, à estre mené et conduit*
« *par l'exécuteur de la haulte justice en*
« *ung tombereau, depuis les dictes prisons*

---

(1) La salle de la grand'chambre est aujourd'hui occupée par la première chambre civile du tribunal de la Seine.

(2) Noël Brulart, baron de Crosne.

(3) S'il n'avait trait à des faits aussi tragiques, ce jargon serait divertissant. Il fleurit encore dans les arrêts et les actes judiciaires modernes.

« *de la conciergerie du palais* jusques a la
« place Maubert, *où sera dressé et planté, au
« lieu le plus commode et convenable* une
« potence, a l'entour de laquelle sera fait un
« grand feu, *auquel après avoir esté soulevé
« en la dicte potence*, son corps sera jeté et
« bruslé avec ses livres, *et* son corps mué et
« converti en cendres ; *et a déclaré et déclare*
« tous et chacun des biens du dict prisonnier
« acquis et confisqués au roy....... *que au-
« paravant l'exécution de mort du dict
« Dolet*, il sera mis en torture et question
« extraordinaire *pour enseigner ses com-
« paignons.*

   Lizet
     de Montmirel

« *Et néanmoins est retenu, in mente curiæ,
« que où le dict Dolet fera aucun scandale
« ou dira aucun blasphème*, la langue lui
« sera coupée et bruslé tout vif. »

IX

LE SUPPLICE

Le 3 août 1546, la sentence fut exécutée sur la place Maubert (1).

(1) La place Maubert n'était pas sous François Ier, le seul endroit de Paris où l'on dressait potences et bûchers. On brûlait sur divers points de la ville, *pour l'exemple*. Dans un laps de temps de dix mois, du 13 novembre 1534 au 18 septembre 1535, le *Journal d'un bourgeois de Paris* ne relève pas moins de DOUZE emplacements différents, dans Paris, où l'on exécuta des hérétiques :
    les halles,
    le parvis de l'église Sainte-Catherine (emplacement actuel du marché Sainte-Catherine, près la rue Saint-Antoine),
    la fontaine des Innocents (angle de l'ancienne rue aux Fers et de la rue Saint-Denis),
    le cimetière Saint-Jean (était situé derrière l'Hôtel de Ville),
    la place Maubert,
    le carrefour du Grostournois (près Saint-Germain-l'Auxerrois),
    le parvis de l'église Notre-Dame,
    la place du bout du pont Saint-Michel,
    la croix du Trahoir ou Tironer (était dressée rue Saint-Honoré,

Aucun détail ne nous a été transmis sur le genre de *question extraordinaire* que Dolet supporta avant d'être attaché à la potence et jeté sur le bûcher. Il subit sans doute la torture la plus généralement employée à cette époque. Le bourreau faisait ployer la jambe du supplicié, appliquait au-dessus du genou une pince en fer appelée mordache, et en tournant une vis, rapprochait les deux parties de la jambe comprimées ainsi que dans un étau. Le tiraillement des tendons et des muscles causait une horrible souffrance, et si on poussait l'opération, ils éclataient comme des cordes trop tendues.

Ces sauvages pratiques, dites exemplaires, qui arrachaient des aveux même aux innocents, enlevaient immanquablement aux torturés l'usage de leurs jambes. Aussi les arrêts, tristement prévoyants, ordonnaient le transport des condamnés sur un tombereau. Ce qui fut fait pour Dolet.

---

au coin de la rue de l'Arbre-Sec : on y brûla six luthériens dans un seul après-midi, le 25 janvier 1535),

le marché aux pourceaux,
le terre-plein du Temple,
le carrefour du puits Saint-Geneviève.

À cette liste incomplète, il faut ajouter la place de Grève (actuellement place de l'Hôtel-de-Ville).

Quant à l'exécution elle-même, deux récits contradictoires nous sont parvenus.

D'après une version rapportée par Jacques Severt dans l'*Anti-Martyrologe* (1622), mais que rien n'authentique, Dolet aurait harangué les assistants, et comme une grande rumeur montait de la place, il crut que la foule se lamentait. Alors, dans un vers latin, il aurait fait ce jeu de mots sur son nom :

Non dolet ipse Dolet, sed pia turba dolet.

« Non ce n'est pas Dolet qui gémit sur lui-même, mais ce bon peuple ».

Le jeu de mots ne peut se traduire en français que par un à peu près :

« Ce n'est pas Dolet qui est dolent, mais ce bon peuple ».

A quoi le lieutenant criminel aurait répondu :

Non pia turba dolet, sep Dolet ipse dolet.

« Ce n'est pas ce bon peuple qui gémit, mais Dolet lui-même ».

Une lettre (1) d'un certain Florent Junius, datée du 23 août 1546, donne une relation dif-

---

(1) Mentionnée par Almeloveen dans les *Amœnitates théologico-philologicæ* (1694), p. 79, et par Bayle, *Dictionnaire historique* (1734), t. II, p. 648.

férente. Au pied de la potence, le bourreau aurait sommé le patient de se préparer à mourir comme un bon chrétien, en invoquant Dieu et les saints. Le malheureux prononça quelques paroles qui ne pouvaient passer pour une prière. Mais le bourreau aurait renouvelé ses injonctions comminatoires, laissant comprendre qu'il allait lui couper la langue et le brûler tout vif. Alors, Dolet aurait, à l'édification des assistants, docilement répété cette pieuse formule :

Mi Deus, quem toties offendi, propitius esto; teque Virginem matrem precor, divumque Stephanum, ut apud Dominum pro me peccatore intercedatis.

« Mon Dieu, que j'ai si souvent offensé, accordez-moi votre grâce; et je vous en supplie, Vierge Mère, et vous aussi saint-Etienne, demandez à Dieu d'avoir pitié du pauvre pécheur que je suis ».

Puis, après avoir recommandé de ne lire ses ouvrages qu'avec prudence, il aurait assuré qu'ils contenaient bien des opinions auxquelles il n'avait jamais cru.

A la suite, « *il fut étranglé et réduit en cendres* ».

Le malheur, c'est que ce Florent Junius

avoue n'avoir pas assisté à l'exécution et tenir ces détails d'un témoin qu'il ne nomme pas.

Un auteur contemporain de Dolet, mais anonyme, lui fait tenir dans une épitaphe un langage plus ferme :

Mort est Dolet, et par feu consumé.
Oh ! quel malheur, oh ! que la perte est grande.
Mais quoy, en France on a accoustumé
Toujours donner à tel saint telle offrande.
Bref mourir faut, car l'esprit ne demande
Qu'issir (sortir) du corps, et tost estre délivre,
Pour en repos ailleurs s'en aller vivre.
C'est ce qu'il dit sur le point de brusler,
Pendant en haut, tenant ses yeux en l'air.
« : Va-t-en, esprit, droit au ciel pur et munde
« Et toy mon corps, au gré du vent voler,
« Comme mon nom voloit parmy le monde (1). »

En somme, les circonstances de l'exécution sont demeurées obscures. Les anecdotes rapportées semblent aussi légendaires que celles qui ont été répandues sur la mort de Rabelais.

Dolet éprouva-t-il une défaillance devant l'épreuve suprême ! Eut-il, au contraire, un cri

---

(1) Cette épitaphe a été rapportée par *Le Laboureur*. (Additions aux mémoires de Castelnau, 1569, t. I, p. 356.)

de révolte? L'iniquité dont il était victime justifie tour à tour ces deu attitudes. Eut-il la surhumaine vigueur de bannir les lamentations ou l'effroi, lui qui avait tant de raisons de pleurer sa destinée? Que de regrets durent l'assaillir! Il perdait injustement la vie pour quelques mots mal interprétés! Il laissait une femme et un jeune enfant dans la détresse(1), sans appuis et voués à la honte par sa condamnation regardée comme infamante? Enfin, il périssait en pleine jeunesse sans avoir achevé son œuvre littéraire!

Ce que nous savons de son caractère nous porte à croire qu'il affronta le supplice sans faiblesse. Il est probable que l'expérience du malheur et les principes stoïciens qu'il professa toujours(2), lui inspirèrent la noble résignation du sage devant l'inévitable.

Mais, comment le blâmerait-on, s'il est vrai que contre son sentiment il ait manifesté du repentir à son heure dernière, pour des fautes dont il était innocent? Reclus dans un cachot depuis deux années, son énergie avait été mise à l'épreuve des plus désespérantes angoisses; d'autre part, ses membres brisés venaient à

(1) Tous ses biens étaient confisqués.
(2) Voir le chapitre : Son caractère.

peine de quitter le chevalet de torture. Il était légitime qu'il voulût même au prix d'une concession à ses persécuteurs, échapper à un surcroit de souffrance, c'est-à-dire éviter d'avoir la langue arrachée et de monter vivant sur le bûcher. Peut-être encore, s'il fit amende honorable, crut-il épargner à sa famille les rigueurs de fanatiques capables de poursuivre jusque sur les siens une impénitence obstinée.

Né le 3 août 1509, Etienne Dolet fut pendu et brûlé le 3 août 1546, jour anniversaire de sa naissance.

Ainsi, périssait à 37 ans, sous le règne de François I*er* surnommé *le père des lettres*, un écrivain qui avait irrité les puissants du jour par l'indépendance de sa pensée et son goût de la liberté. Mais par un retour de fortune, la persécution lui a valu une renommée que l'intérêt de ses ouvrages, aujourd'hui périmé, n'aurait pu lui procurer. Ses ennemis n'ont réussi qu'à lui bâtir un piédestal. En lui prenant la vie, ils lui ont apporté la gloire, et tant que l'on parlera des victimes de l'intolérance, on prononcera le nom d'Etienne Dolet.

DEUXIÈME PARTIE

L'Œuvre

L'ORATEUR

DEUX DISCOURS

Ce qui étonne le plus dans l'œuvre d'Étienne Dolet, c'est le nombre des ouvrages. Si l'on considère qu'il mourut à trente-sept ans, que sa brève existence fut pleine de déboires et de troubles, que de plus, il dut exercer, pour se créer des ressources, le métier de correcteur et d'imprimeur, qu'il passa enfin cinq années en prison, on reste confondu devant l'étendue et la variété de ses productions.

Dans son amour passionné des lettres, il eut l'ambition d'aborder les genres les plus divers.

Il fut tour à tour poète — français et latin — polémiste, historien, philologue, critique, philosophe, moraliste et grammairien. Mais en touchant à trop de sujets, son talent n'atteignit dans aucun la perfection et l'originalité.

De fortes études le préparaient à la carrière littéraire. Nourri de la pensée antique, il possédait à fond Ovide, Lucrèce, Virgile, Sénèque, Horace, Tacite et surtout Cicéron. Un insatiable désir d'apprendre mieux et davantage lui donna ce que l'on pourrait appeler la fièvre des belles-lettres.

A vingt ans, il s'était déjà concilié l'estime des érudits et des penseurs (au XVI° siècle, ces deux termes se confondent souvent); il n'avait pas encore fait ses preuves, mais on savait qu'il préparait un ouvrage considérable sur la langue latine, et les savants lui firent crédit, l'accueillirent parmi eux, attendant beaucoup de lui. Aussi arriva-t-il à Toulouse précédé d'une solide réputation et, bien que nouveau venu, il fut tout de suite nommé orateur-président de l'association des étudiants français. Il prononça en cette qualité deux discours *latins*, dont la publication, avec des poésies et un choix de lettres constitue son premier ouvrage (1). Il le fit imprimer à Lyon en 1534.

Dans la préface, signée par un de ses amis, Simon Finet, on apprend que ce dernier se serait emparé du manuscrit, et, autant, par zèle affectueux que par admiration, l'aurait confié de sa propre autorité à un imprimeur. Cependant plusieurs lettres (2) montrent que Dolet était bien décidé à cette publication. Par fausse modestie il affecta ce puéril détour. Lui refusera-t-on, l'excuse de tous les débutants qui brûlent de voir leur premier livre édité! Et ce désir n'était-il pas irrésistible, il y a quatre siècles, lorsque l'imprimerie naissante avait un attrait presque mystérieux de nouveauté et de rareté?

Nous avons déjà indiqué le sujet et donné des extraits de ces discours. Ils nous reste à en apprécier la valeur.

Ce que l'on peut en dire de mieux, c'est qu'ils révèlent une connaissance parfaite du génie de la langue latine classique. Dans le temps où ils furent débités, ils méritèrent les applaudissements d'un public universitaire. Cet au-

---

(1) En voici le titre : *Stephani Doleti Orationes duæ in Tholosam — Ejusdem epistolarum libri II — Carminum libri II — Ad eundem epistolarum amicorum liber.*

(2) *Orat. duæ in Thol*, p. 120.

ditoire connaisseur fut charmé par la belle latinité des harangues et leur donna une approbation d'autant plus enthousiaste qu'elles étaient dirigées en partie contre un Parlement qui venait de dissoudre les réunions d'étudiants. Mais le lecteur moderne ne peut plus s'intéresser à la forme de ces discours qui ont le grave inconvénient d'être écrits dans une langue morte, par un contemporain de Marot et de Rabelais. Ce défaut n'a-t-il pas suffi à jeter dans l'oubli un auteur presque génial, Erasme, qui eut, de son vivant, une immense réputation?

Les *Orationes duæ in Tholosam* nous servent aujourd'hui à dégager plutôt le caractère de Dolet que son talent. Après les avoir lues, nous savons qu'il était présomptueux (1), emporté (2), mais courageux (3).

Le sentiment est si bien la source de l'éloquence, que les passages les meilleurs et les plus pathétiques sont justement ceux où paraît le mieux le courage de Dolet, par exemple lorsqu'il rappelle pour les déplorer, le supplice de Jean de Caturce et la dégradation

---

(1) A plusieurs reprises il fait sa propre apologie.
(2) Les violences abondent.
(3) Il risque sa vie à critiquer l'Inquisition et le Parlement.

de Jean de Boyssoné. Là, point de ces termes violents qui déparent tant d'autres tirades ; l'indignation adoucie par la pitié a trouvé des accents émus et sobres.

Dans leur ensemble, les deux harangues ne constituent cependant qu'un honorable exercice de rhétorique et une habile imitation du style cicéronien. Les périodes sont faciles, harmonieuses, mais ne serrent pas la pensée. La fougue du jeune orateur semble plutôt procéder de l'imagination que d'un mouvement du cœur. Son abondance fatigue : il recherche les entassements de mots et les digressions. Il y a un dessein évident d'étonner et de briller, défaut qui ne saurait beaucoup surprendre chez un adolescent.

Pour donner plus d'importance à son premier volume, Dolet ajouta aux deux discours contre Toulouse, des extraits de sa correspondance et deux livres de poésies.

Nous possédons ainsi cinquante lettres envoyées à des amis ou à des protecteurs, et quinze lettres adressées à Dolet par divers correspondants. Le tout en latin.

Précieuses pour fixer le caractère de l'auteur et établir une partie de sa biographie, ces épitres n'offrent rien de remarquable ni dans la forme ni dans les idées. Les phrases travaillées mais creuses y abondent, et les formules d'urbanité y tiennent une place considérable.

La lecture de ces lettres nous a été utile, mais il serait fastidieux de les traduire. Leur publication devait, dans l'esprit de Dolet, le justifier de certaines attaques et surtout contribuer à étendre sa réputation de Cicéronien.

II

LE POÈTE LATIN

PREMIÈRES POÉSIES

A la suite des discours et des lettres, le premier ouvrage de Dolet contient deux livres de poésies latines (1).

Nous devons renoncer à donner une idée complète, ou même un aperçu général de pièces de vers trop différentes, au moins par le genre. Parmi les odes, les épigrammes, les invocations, les épitaphes, les allégories, les pièces de circonstance et les élégies, nous nous restreindrons à examiner deux chants qui nous ont

---

(1) *Carminum libri duo.*

paru plus particulièrement intéressants et qui suffiront peut-être à faire entrevoir la manière poétique de Dolet.

S'il faut cependant apprécier l'ensemble des deux livres de vers, nous dirons n'y avoir point trouvé cette chaleur d'inspiration qui prend le cœur, le touche, l'élève ou le charme. L'émotion y conserve quelque chose d'artificiel et d'étudié qui la brise. Quant à l'expression originale et sincère du sentiment de la nature, Dolet n'a su ni la trouver en lui-même, ni la découvrir dans les modèles anciens. Trop féru d'antiquité, il abuse des noms mythologiques, sans pénétrer les symboles profonds des dieux de la Fable.

Le temps a, d'ailleurs, déprécié les mérites de l'auteur des *Carminum libri duo*. Nous ne voyons désormais en lui qu'un grammairien versé dans l'art de cadencer agréablement des vers latins sur des mètres aussi impeccables que variés. L'éloge est de peu d'importance et convient à plus d'un professeur qui exerce sans gloire un talent aussi fané.

On doit toutefois reconnaître qu'un poète, qui choisit une langue morte pour traduire sa pensée, encourt de vraies disgrâces. Quelle extrême difficulté n'y a-t-il pas à saisir les délicatesses, à pénétrer le génie d'un idiome que l'on n'a pas appris dès le berceau ? Et, d'autre part, comment les poèmes latins d'un écrivain du xvi° siècle ne nous sembleraient-ils pas froids et sans charme, lorsque chantent dans notre mémoire l'harmonie exquise de Virgile, la majesté puissante de Lucrèce ou la grâce délicate d'Horace ?

Pendant son séjour à Toulouse, Dolet prit part aux jeux floraux. Les dix pièces qu'il présenta au concours Clémence-Isaure sont insérées dans les *Carminum libri duo*. Deux de ces poèmes *Odes à la Vierge Marie* (1) excitent au moins notre curiosité. Ils sont un peu trop longs pour être cités et traduits tout entiers. Nous nous bornerons à les analyser, en reproduisant intégralement les meilleurs passages.

La première ode est la plus étendue : elle comprend dix-huit strophes de quatre vers. C'est surtout un effet de surprise que produit la lecture d'un poème destiné à glorifier la mère du Christ, et dans laquelle l'inspiration est aussi païenne que chrétienne. L'auteur confond dans une même foi la Vierge et les dieux

---

(1) De laudibus Virginis Mariæ. (Orat. duæ in Thol. II, 27 et 28).

du paganisme. Le lecteur entend bien qu'il s'agit de la valeur poétique du ciel chrétien et du ciel olympien, mais dans cette apparente confusion un croyant peut voir l'outrage d'un incrédule. Les pieux mainteneurs des jeux floraux furent sans doute scandalisés; en tout cas, Dolet ne reçut aucun prix.

En vue de célébrer les vertus de Marie, le poète commence par invoquer Phœbus « maître du Parnasse » et les Muses « qui hantent l'Hélicon ». Puis, il renforce la troupe avec Mars et Vénus! Bacchus, Cérès et Atropos surviennent à la fin. Inspiré par les dieux, il veut chanter dignement les louanges de la Vierge « gloire du ciel, révérée en tous lieux, aux bords du Rhin et de l'Ebre, comme aux rives du Palus-Méotide ».

Toute la pièce n'est cependant pas gâtée par ce fatras d'érudition mythologique : parfois Dolet consent à l'abandonner, mais sans profit bien évident. Voici, d'ailleurs, le texte et la traduction des cinq principales strophes de l'ode. Elles ne contiennent, il est vrai, aucune allusion aux mythes païens, mais sauf deux ou trois vers, quel fade cantique, quelle banale litanie!

. . . .
Hujus ad nutum micat omne sidus,
Hujus ad nutum tumidæ procellæ,
Et mare insanum silet, atque dira
    Murmura ponit.

. . . .
Ergo selectos per aprica rura
Colligat florum cumulos juventus ;
Colligat flores Hyacinthi, et aras
    Virginis ornet.
Lilii thyrsis niveis ligustra
Implicet, texatque amarantho amomum ;

Quæque vim afflatus referunt Sabæi,
    Gramina carpat.
Ac ubi multo sacra templa flore
Sparsa spirabunt varios adores,
Virginis tali prece quisque pro se
    Vellicet aurem :
O piis votis via læta spesque !
O reis certum miseris levamen !
O quies præsens, statioque fessis
    Tuta carinis !

« A son commandement, tous les astres flamboient, les tempêtes s'apaisent, la mer furieuse se calme et endort ses grondements sinistres.

« ... Que les enfants chargent leurs bras de fleurs, dans les campagnes ensoleillées ; qu'ils cueillent des bouquets d'hyacinthe pour en embellir les autels de la Vierge !

« Qu'ils entrelacent le troëne et les tiges des lis blancs; qu'ils tressent l'amarante et les grappes d'amome ; qu'ils coupent les herbes qui exhalent les puissants effluves de Saba.

« Et lorsque dans les temples sacrés, monteront des parfums variés qui flotteront épars, que chacun fasse monter cette prière jusqu'à l'oreille de la Vierge :

« O riante voie, espoir des pieux désirs ! O soulagement assuré des malheureux accusés ! O repos tutélaire ! rade sûre pour les vaisseaux désemparés !... »

Ensuite le poète prie la Vierge Marie d'être propice aux prières des implorants. Il la conjure « par le fruit de son flanc pudique, par le nom de son bienheureux fils, par son sein où jadis Dieu enfant but le lait ».

« Per tui fœtus uteri pudici
Per tuæ nomen sobolis beatæ
Per sinus e quies Deus ipse quondam
Lac bibit infans. »

Il la supplie « d'éloigner la guerre et la peste, de permettre que Bacchus qui délivre des soucis, puisse vaincre en abondance la féconde Cérès, et que par lui, les vases soient emplis de vin »!

En terminant, il lui demande de nous faire

ouvrir toute grande « par le porte-clefs (claviger) la demeure céleste, lorsque la funeste Atropos aura tranché le fil de nos jours ».

La deuxième ode, beaucoup plus courte que la première (elle ne comprend que vingt-quatre vers) n'est pas d'une plus haute inspiration. Ebloui par la richesse et la couleur de la poésie antique, notre humaniste a continué de mêler naïvement les croyances chrétiennes avec les mythes païens.

Virgile, Priam, Homère avec l'Iliade figurent dès les premiers mots.

En même temps l'auteur avoue qu'il se sent écrasé par la grandeur de son sujet et redoute d'encourir la moquerie.

« Pour chanter la Vierge, mère du Christ, je ne suis satisfait d'aucun de mes vers, et je succombe, impuissant, sous la difficulté de ma tâche ».

Tout aussitôt, il se découvre une merveilleuse excuse : s'il célèbre mal la Vierge, ce n'est pas faute de génie, mais bien parce que l'entreprise est au-dessus du génie.

« ...Ni la glorieuse Pallas, ni Apollon, pas même l'Hélicon avec le chœur des Muses ne pourraient chanter dignement celle qui règne dans le ciel ».

Aucun mortel n'oserait se flatter d'atteindre là où les dieux ne sauraient réussir. Dolet, qui n'était rien moins que modeste, avait d'irrésistibles façons de satisfaire son amour-propre.

A la réflexion, il ne jugea pas négligeables les deux odes pieuses, puisque, publiées en 1535, il les fit réimprimer deux fois en 1538 (1).

Dans l'ensemble des « *Carmina* », on ne trouve point de fortes qualités poétiques. L'inspiration demeure laborieuse. Peu de souffle et peu d'originalité. *Tout le mérite est dans l'élégance étudiée du style et dans la variété des rythmes.* Les vers de Dolet sont ceux d'un érudit et nous pensons qu'il voulut surtout conquérir l'admiration de ses contemporains lettrés, par sa science consommée de la métrique latine. Il joue, en effet, avec les difficultés, et use tour à tour des cadences les plus rares ou les plus compliquées. Il fait un copieux étalage de connaissances prosodiques; dans le titre de chaque pièce, il a bien soin de nous avertir du rythme qu'il va employer :

Vers hendécasyllables, hexamètres, iambiques, anacréontiques, choriambiques, phaleuques, phérécratiens, dactyliques, vers de quatre

---

(1) Dans les « Carminum libri quatuor », III, 34 et 35, et dans « Cato christianus ».

strophes à trois membres rythmiques, vers de deux strophes à deux membres, etc.

Ce défilé de mètres si divers donne à l'essai poétique son caractère essentiel, celui d'un brillant exercice de versification latine. Mais des vers latins qui ne se recommandent que par leur facture correcte constituent un titre littéraire bien chétif.

NOUVELLES POÉSIES

En 1538, Dolet publia un nouveau recueil de poésies latines « *Carminum libri quatuor* ».

Ces quatre livres de chants comprennent 196 poèmes de sujets et de rythmes très divers. Ils se succèdent au hasard de l'inspiration ou des événements du jour. L'auteur chante tour à tour l'amitié, la gloire, l'amour, critique les envieux, les mœurs du temps, les moines (1), et philosophe sur la vieillesse, la douleur, la mort (2) et la destinée (3). Il consacre deux pièces et une épitaphe à une jeune fille du nom d'Hélène, qu'il avait distinguée à Venise. Dolet, qui a le ressentiment plus tenace que l'amour,

---

(1) Livre I, 175 et 25 : « De cucullatis » et « Quid maxime rideat ».
(2) Voir notamment livre I, 15 : « Expetendam esse mortem. »
(3) Livre II, 4 : « De fato. »

emploie une bonne part de sa verve à confondre ses détracteurs. Il aiguise plus d'une douzaine d'épigrammes contre des juges toulousains, Drusac et Dampmartin, et contre l'orateur aquitain, Pierre Pinache. Au livre trois, on lit plusieurs pièces qui témoignent de la plus noire fureur contre les habitants de Toulouse ; Dolet les accable d'épithètes au moins malsonnantes. En revanche, il célèbre la grâce et la beauté des vierges de cette cité « *Ad puellas Tholosæ* ». Mentionnons une ode sur la mort d'Erasme, faible compensation des attaques passées. Le quatrième et dernier livre ne contient que des épitaphes.

On retrouve, disséminées dans le recueil, les chants que Dolet avait publiés à la suite des « Duæ orationes in Tholosam » et notamment les Odes à la Vierge Marie.

Les pièces nouvelles de ce second essai poétique sont, en général, plus alertes, plus claires que celles du premier recueil. La pensée est moins hésitante, mais le souci de la forme domine encore. Le style est d'une élégance régulière, facile et parfois surchargée d'ornements.

De fâcheuses violences de langage indisposent le lecteur. Dolet, dès qu'il veut persifler, se hérisse et profère de trop rudes propos. Dans la plupart de ses épigrammes, une fougue brutale remplace le trait.

Quant à ses odes, elles manquent de sincère émotion. Les vers dédiés à la mémoire de la jeune Vénitienne qu'il avait aimée, ne contiennent aucun élan de cœur. Ils ne sont que prétentieux et glacés.

Les pièces philosophiques sont mieux venues, sans porter cependant l'empreinte d'une pensée très vigoureuse et personnelle. Elles s'inspirent des tendances morales des traités de Cicéron.

Selon nous, les poèmes latins d'Etienne Dolet ne sont qu'un faible reflet de la belle ordonnance des anciens. Ils font songer à une rivière peu profonde dont le flot ne roule aucune paillette; sur les bords se penchent quelques fleurs, mais on cherche en vain les rameaux puissants d'un arbre majestueux, dont l'ombre invite à se reposer et à méditer.

Dolet manque de grâce naturelle et de sérénité.

Parfois il réussit à plaire, presque jamais il ne parvient à charmer. Il a surtout droit au titre de maître versificateur.

Les « Carmina » obtinrent la faveur de quelques cénacles littéraires mais ne furent point réimprimés.

Accordons que Dolet a occupé une place honorable parmi les poètes latins du xvie siècle, et ensevelissons tous leurs vers dans un commun oubli. Les humanistes ont assez inconsidérément dépensé leur talent dans une langue qui a eu un chantre tel que Virgile. Mais il faut leur pardonner d'avoir osé entrer en parallèle avec les classiques latins. Seuls, un sentiment profond et une admiration enthousiaste pour la beauté antique ont pu les pousser à s'égarer dans une imitation superflue. Leurs efforts ont au moins la valeur d'un touchant hommage.

III

LE POLÉMISTE & LE CRITIQUE

LE DIALOGUE CICÉRONIEN

C'est surtout un ouvrage de polémique (1). L'auteur le composa pour défendre Christophe Longueil (2), chef des disciples fanatiques de Cicéron, contre les moqueries d'Erasme. On sait que ce dernier avait ridiculisé dans un spirituel traité *Ciceronianus*, les imitateurs trop intransigeants du style cicéronien.

(1) Ce traité, dédié à Jean de Langeac, évêque de Limoges, a pour titre : *Dialogus de imitatione Ciceroniana adversus Desiderium Erasmum Roterodamum, pro Christophoro Longolio.* Lyon, chez Gryphius, 1535.

(2) Voir sur Longueil, 1ʳᵉ partie, p. 39, note 2.

Après Scaliger, Dolet crut devoir répondre aux justes et fines railleries du savant hollandais.

Il met en scène deux personnages, Simon Villanovanus et Thomas Morus (1), et les fait deviser en plein air, dans la campagne de Padoue. Les élèves de Villanovanus écoutent en silence. Les deux interlocuteurs, assis dans une prairie, à l'ombre d'un chêne, célèbrent sur tous les modes le génie de Cicéron et les mérites incomparables de Christophe Longueil. En revanche, ils s'accordent à déclarer longuement qu'Erasme est un écrivain insignifiant et vide; ils ne se lassent pas de le répéter, mais ne s'attardent point à fournir des preuves de leur opinion. Il leur eût été, d'ailleurs, bien difficile d'en trouver de sérieuses. Par leur bouche, Dolet émet *des appréciations*, qui ne sont, en réalité, qu'un tissu d'injustices.

(1) Ecrivain et homme d'Etat anglais. Il devint grand chancelier, et fut décapité le 6 juillet 1535 (l'année même de la publication du dialogue cicéronien) pour avoir refusé de reconnaître Henri VIII comme chef suprême de l'église anglicane.

Morus qui avait connu Erasme à l'Université d'Oxford, entretint jusqu'à sa mort des relations d'amitié avec ce savant; et sans doute, s'il eût vécu assez pour lire le dialogue cicéronien, il eût protesté contre la fantaisie de Dolet, imaginant de lui faire prendre la parole contre son excellent ami Erasme, qui lui a notamment dédié l'*Eloge de la folie*.

Il affirme en termes généraux que le style d'Erasme fourmille d'incorrections et excite la pitié des véritables lettrés. Ses *Colloques*, dit-il, sont dépourvus d'intérêt, ses *Epîtres*, une compilation insignifiante (epistolarum farrago). L'ensemble de son œuvre, « ramas d'opuscules glacés et vides », n'est qu'un pur verbiage (garrulitas). Erasme, ajoute-t-il, bavarde à tort et à travers (inconsulto). Il amuse les radoteurs (nugatores) et c'est parmi les enfants qu'il a des admirateurs. Dolet le qualifie encore de détracteur impitoyable (detractor acerbus), de vieillard à deux faces et à deux langages (senex versipellis et bilinguis). Il insinue clairement que ses théories sont aussi pernicieuses que celles de Luther, parce qu'il a enseigné à tout oser. Il lui reproche comme un crime inexpiable d'avoir tourné en ridicule deux prélats italiens, Bembo et Sadolet, très fervents cicéroniens.

Puis, Dolet reprend l'éloge de Christophe Longueil et lui découvre mille beautés nouvelles. Il le compare à Erasme, et le parallèle nous présente Longueil comme supérieur en tous points au savant hollandais.

Par intervalles, de longues tirades enthousiastes sont consacrées à Cicéron : c'est le miroir incomparable, l'inspirateur inépuisable des écrivains, des orateurs et des philosophes. La vertu, dit en substance l'humaniste, étant la source principale du bien dire, le plus éloquent des humains, Cicéron, doit avoir la plus belle âme : il est donc admirable au double point de vue moral et intellectuel ; c'est l'homme par excellence, le modèle définitif à proposer à nos méditations. Nous lisons cet aphorisme :

On doit lire tous les auteurs, mais n'imiter que Cicéron.

Et cet autre :

Point de succès dans les lettres sans un corps parfaitement sain.

Dolet est si pénétré de la supériorité de son auteur préféré, qu'il veut le justifier d'un bien plaisant reproche, celui d'être un écrivain païen. Par anticipation, il le rattache au christianisme. Cicéron, dit-il, n'a pas connu le Christ, venu un demi-siècle après lui. Il n'a donc pu ni en parler, ni s'inspirer de sa doctrine. Cependant, ô merveille inouïe, il a tracé plusieurs maximes qui se rapprochent de la loi du Christ ! (ignotum loqui non potuit, a Christi lege non omnino aliena aut remota pluribus locis scripsit) (1).

---

(1) Il est curieux d'observer qu'Érasme a exprimé dans les *Colloques* une idée analogue, mais en lui donnant une portée plus

Vers la fin du dialogue, Dolet déplore les mœurs du temps. Il gémit sur l'orgueil de ses contemporains et voit le doute se glisser partout, traînant avec lui l'agitation et le trouble. (*Nostra tempora suspitiosa et turbulenta...*)

Puis, il fonce de nouveau sur Érasme et prétend montrer encore une fois que ce dernier incline manifestement vers les maximes luthériennes. En même temps, par une sorte de contradiction, il lui fait grief de n'avoir pas, en jetant le froc (1), dépouillé les habitudes contractées dans l'état ecclésiastique (*contractum cucullo ingenium, abiecto cucullo Erasmus non exuit*) (2).

générale et une forme plus ingénieuse : « Peut-on appeler profane, dit-il, ce qui est vertueux et moral ? Sans doute nous devons aux livres saints la première place dans notre vénération, mais lorsque je découvre dans les auteurs païens tant de chastes, de saintes, de divines pensées, je ne puis m'empêcher de croire que leur âme, au moment où ils écrivaient, était inspirée par un souffle de Dieu. *Qui sait si l'esprit du Christ ne se répand pas plus loin que nous ne l'imaginons* » ?

Budé, dans son traité latin « Du passage de l'Hellénisme au Christianisme », est encore plus catégorique. Il soutient que l'étude, loin de diminuer la foi, l'augmente, et que *la philosophie antique, loin de contredire l'Évangile, le préparait en quelque sorte*. Cette opinion n'était d'ailleurs pas nouvelle et ceux qui la tinrent pour blasphématoire, ne se doutaient pas qu'elle avait été exprimée par d'illustres docteurs de l'église : Saint-Justin, Saint Clément-d'Alexandrie et Saint-Basile.

(1) Érasme avait été chanoine régulier.
(2) Ce n'était pas la première fois que Dolet lui adressait un pareil reproche. Voir *Carminum libri duo*, II, 9 : *Contre un qui a déposé la robe*.

Il est malaisé de résumer élégamment le dialogue cicéronien, ouvrage violent et confus. Écrit sans méthode, il contient de nombreuses redites, beaucoup de mots et d'affirmations, mais peu d'idées et de preuves. Au désordre des paragraphes, on pourrait croire à une improvisation ; mais le tour de la phrase et la longueur savante des périodes révèlent le patient labeur d'un habile latiniste. C'est seulement à ce titre que le dialogue (tout l'intérêt du sujet s'étant évanoui) peut encore plaire aux curieux d'écriture latine. En le parcourant, ils goûteront l'élégance générale de la forme et apprécieront quelques pages où la vivacité du discours touche à l'éloquence. Mais, en revanche, que de passages alourdis par un vain étalage d'érudition ! Les dieux apparaissent avec tous les savants connus ou inconnus de la Renaissance, et la phalange des héros antiques s'avance avec la foule des écrivains grecs et romains. Les noms propres s'entassent pêle-mêle. On ferait un long chapitre, s'il fallait tous les citer ; en quinze lignes (page 171) nous relevons cet assemblage hétéroclite : les Stoïciens, Chrysippe, les Aéropagites, les Atellanes, Bacchus, Sardanapale, Hercule, Marcus Tullius Cicero, Caton le Censeur, Scipion, Ennius..... Nous pourrions multiplier les exemples de ces chaos de noms. Toute la mythologie y passe, avec l'histoire ancienne et les littératures.

Dolet a pris la plume pour défendre les cicéroniens. Mais, à y regarder de près, le pamphlet n'est qu'un prétexte : par un copieux inventaire public des acquisitions de son esprit, l'auteur veut prouver qu'il est digne de figurer parmi les plus savants humanistes de son époque. Très méritoires au XVIe siècle, les connaissances dont il fait étalage nous semblent désormais futiles et pédantes. Les recherches des humanistes ont contribué au développement, à l'épuration de l'art et du goût ; mais la critique a presque oublié les services rendus par leurs travaux obscurs.

En publiant le *Dialogue cicéronien*, Dolet espérait faire avec bruit ses preuves de lettré. Son désir se réalisa en partie. L'ouvrage fut lu et discuté. Les uns saluèrent un grand latiniste, d'autres, et ce furent les plus nombreux, s'irritèrent de voir Érasme accablé d'invectives par un débutant. Leur mécontentement n'était que trop fondé (1). L'argumentation de Dolet

---

(1) Disons, toutefois, à l'honneur de Dolet, qu'il ne craignit pas de se déjuger. Aussitôt après la mort d'Érasme (c'est-à-dire un an

ignore, en effet, l'art de la raillerie délicate, et il lui advient trop souvent de recourir aux injures en parlant d'un homme déjà avancé en âge (Érasme avait 68 ans en 1535), considéré comme le premier savant de son temps et qui avait rendu aux lettres d'importants services. Le jeune humaniste enfle outre mesure la louange et la critique. Il est bien loin, en tout ceci, d'approcher de la finesse, de la causticité et aussi du bon sens charmant d'Érasme, qui, notamment dans le *Ciceronianus*, discute et convainc avec une exquise bonne grâce.

Il importe peu, en somme, que Dolet ait osé placer le glorieux écrivain hollandais après de modestes érudits tels que Laurent Valla, Poggio, Gaza ou Egnazzio; mais comment excuser ses appréciations plus que saugrenues à l'égard d'un grand écrivain qu'il aurait dû saluer comme son maître? Comment ne pas déplorer qu'il se soit ingénié à démontrer qu'Érasme penchait vers la Réforme (1)? C'était alors une très grave accusation, et Dolet allait bientôt

---

après la publication du *Dialogue*), il composa une ode, ou plutôt une sorte d'épitaphe, dans laquelle il reconnaît *que la mort rapace vient d'enlever à la terre la gloire de la Germanie et du monde savant.*

Peu après, Dolet éditait plusieurs traités d'Érasme.

(1) Dolet oubliait qu'Érasme avait écrit, contre les novateurs, le traité du *Libre arbitre*.

l'éprouver lui-même. Le *Dialogue* contient, à ce sujet, des attaques très catégoriques. Un exemple. Dans une sorte de chapitre (1) intitulé : *Combien les efforts des luthériens ont ébranlé la religion chrétienne,* il place Érasme parmi les chefs protestants : « A quoi Luther, Zwingle, Œcolampade, Bucer, *Érasme,* Melanchthon, Lambert, à quoi eux et les autres théologiens ont-ils servi par leurs commentaires si subtils et si étendus sur les livres sacrés ?..... La misérable curiosité des luthériens a ébranlé la dignité de la religion. Ils ont fourni l'occasion de renier les choses les plus connues, renversé les institutions divines..... Ils ont aiguisé l'esprit des imbéciles et des ignorants, et rempli d'orgueil les habiles..... »

Dans un débat qui devait rester académique, Dolet eut le tort de manquer d'urbanité et de courtoisie envers un adversaire illustre et âgé. L'outrageante violence de son verbe n'a pas d'excuse. Il ne pouvait, en outre, que desservir la cause des cicéroniens, déjà peu raisonnable en elle-même. N'était-ce pas, en effet, établir un *dogme littéraire,* que de choisir arbitrairement le style de Cicéron comme type exclu-

---

(1) *De imitatione ciceroniana...,* p. 86.

sif de beauté de forme, comme étalon unique de latinité? Dans ce débat, c'était Érasme qui avait raison. Il était le champion du bon sens. Il admirait l'œuvre de Cicéron, la lisait et la relisait avec joie, mais son goût l'empêchait d'approuver l'imitation servile des expressions de l'orateur romain. Il s'est justement élevé contre un stérile *conservatisme littéraire*, non qu'il dédaignât la pureté de la forme, l'harmonie et le nombre, mais parce qu'il estimait que l'on brise les ailes à la pensée en l'enfermant dans un cadre uniforme et rigide. Le style du *Ciceronianus* illustre de la plus heureuse façon la thèse qui y est soutenue. La phrase est expressive, originale, primesautière, pleine de saillies et de trouvailles, de telle sorte que dans cette vieille querelle des cicéroniens, lorsque l'on prend connaissance des pièces du procès, on lit le traité d'Érasme et l'on parcourt le *dialogue* de Dolet.

IV

LE
PHILOLOGUE ET LE GRAMMAIRIEN

LES COMMENTAIRES DE LA LANGUE LATINE

Pendant dix années, Dolet travailla à cet immense ouvrage qu'il avait divisé en trois parties. Le premier volume (1) parut en 1536 et le second (2) en 1538. La mort prématurée de l'auteur l'empêcha de composer le dernier. Regrettons-le pour sa mémoire, car la matière qui restait à traiter — le génie de la langue latine,

(1) Commentariorum linguæ latinæ tomus primus — Lyon, chez Sébastien Gryphius.

(2) Commentariorum linguæ latinæ tomus secundus.

en poésie et en prose — était celle où il pouvait le mieux donner la mesure de son talent.

Même inachevés, les *Commentaires latins* forment une œuvre importante et d'un mérite considérable. Ce sont deux énormes in-folio, d'environ huit cent cinquante pages chacun, imprimées sur deux colonnes, en caractères fins et serrés. On est saisi d'admiration en songeant au savoir et au labeur que représente cette vaste composition. On a soutenu qu'elle n'était qu'un assemblage de phrases et de mots latins; si ceux qui l'ont prétendu avaient simplement feuilleté les Commentaires, ils auraient reconnu leur injustice.

L'ouvrage est beaucoup plus qu'une compilation : c'est un dictionnaire *raisonné* et *comparé* des locutions de la langue latine. Mais les mots ne se succèdent pas dans l'ordre alphabétique ; ils sont groupés selon les rapports de signification qu'ils ont entre eux. L'auteur réunit dans un même chapitre les mots de même racine, les synonymes, les antonymes et les paronymes, en tenant compte du sens des termes, de l'idée qu'ils représentent, plutôt que de leur orthographe et de leur son. Ainsi, il groupe tous les mots qui se rapportent à la vie des champs : terra, territorium, humus, tellus, humare, inhumare, solum, rus, rusticanus, rusticus, fundus, campestris, ager, agellus, agrarius, agrestis, agricultura, colonus, hortus, arbor, fruges, colere, cultus, arare, serere, etc.

Autre exemple. Après le mot « *caput* », sont placés les vocables qui désignent les différentes parties de la tête : frons, vertex, tempora, aures, facies, oculi, palpebræ, ocellus, nasus, bucca, os, maxillæ, etc.

Cette méthode est scientifique, mais complique et retarde les recherches. Elle convient à des gens déjà versés dans la langue, mais s'applique mal à des débutants. Les philologues et les grammairiens l'ont unanimement abandonnée.

Le texte des Commentaires est enrichi d'un très grand nombre d'exemples, de remarques et de longues dissertations.

Au cours de ce traité, Dolet a le tort de recourir trop souvent à l'autorité de Cicéron. Les extraits de l'orateur tiennent une place prépondérante, tandis que Virgile, Lucrèce, Tacite, Sénèque et Horace passent à un plan secondaire. Cette préférence, que les goûts et les études de l'humaniste faisaient prévoir, nuit à l'intérêt des Commentaires et les restreint parfois à l'apparence d'une exégèse approfondie des locutions cicéroniennes (1).

Cette critique n'enlève pas toutefois à l'ouvrage le caractère d'un véritable monument à la gloire de la langue latine. Si, de nos jours, on ne le consulte plus, c'est que des travaux postérieurs l'ont complété, ou pour parler plus justement, corrigé et condensé ; mais au moment où il parut, c'était un traité de la plus haute importance pour la philologie latine. Un trait peu connu montre bien qu'il était impatiemment attendu. En 1536, le poète Bonaventure Despériers se trouvait à Lyon. Bien qu'il fut occupé à écrire les courageux dialogues du « *Cymbalum mundi* », il regarda comme un honneur d'offrir ses bons offices (2) à Dolet. Il le seconda dans la transcription du manuscrit et l'assista dans les travaux arides de correction d'épreuves. L'humaniste rend ainsi

---

(1) Après Cicéron, Térence et Plaute sont cités le plus souvent.

(2) C'est Dolet qui a créé et fait passer dans notre langue l'expression « *bons offices* ». Henri Estienne (*Deux dialogues du nouveau langage françois italianisé*, Anvers 1579) dit à ce sujet : « J'entends bien maintenant ce beau trait, *faire de bons offices*, c'est ce qu'on disoit auparavant *faire de bons services*. Or, je m'asseure que si on veut faire la recherche, on trouvera que ceste manière de parler n'est venue en usage que depuis la traduction des épistres de Cicéron, *faicte par Dolet*, car d'*officium* latin, il en fit *office* en françois, au lieu de *devoir* : et depuis, ce mot vint en usage, premièrement entre les secrétaires d'Estat, et peu à peu entre les aultres courtisans ».

hommage à la collaboration matérielle de Despériers : « Eutychus Deperius, Heduus, cujus opera fideli ea quidem, et accurata in primo Commentariorum nostrorum tomo describere usi sumus (1) ». — « Bonaventure Despériers, de la province d'Autun, nous apporta une aide assidue dans la transcription du tome premier de notre ouvrage ».

Les Commentaires constituent d'estimables états de services littéraires. Dolet a été un très courageux artisan dans un champ immense et mal défriché. Il eut lieu d'être fier de ses travaux, qui ont facilité la tâche des critiques et des grammairiens latins. A part la célébrité particulière qui s'est attachée au nom de l'humaniste, les Commentaires auraient pu suffire à le préserver de l'oubli. L'auteur avoue, d'ailleurs, qu'il a composé ce colossal traité dans la pensée « *d'éterniser son nom* » ! Et cet espoir, dit-il, l'a si bien soutenu, que, pour préparer l'ouvrage, il a supporté avec une sorte de joie la faim, le froid, le sommeil, qu'il s'est interdit tout plaisir et pendant longtemps s'est enfermé dans une solitude presque absolue (2).

(1) Commentaria, II, col. 585.
(2) Budé, le plus connu des humanistes français, fit encore mieux : il demeura plusieurs années sans sortir de sa maison, et

Il reçut des éloges très flatteurs. Hubert Susanneau, poète et humaniste alors très réputé, écrivit : « Les Commentaires m'ont causé une telle admiration qu'ils ont failli me faire abandonner mon propre travail (1) ».

Mais les louanges ne furent pas unanimes. Les amis et les admirateurs d'Erasme (ils étaient légion) n'accueillirent pas l'ouvrage avec faveur. Dolet leur avait fourni de légitimes raisons de ne pas l'applaudir.

Les Commentaires contiennent de nombreuses et longues dissertations sur les sujets les plus divers : les avantages des lettres et des sciences, l'art oratoire, la philosophie, l'astronomie, la tactique navale (2) et militaire des Romains, l'immortalité de l'âme... etc. Citons un exemple bien significatif : à propos du mot *vinetum* (3), Dolet a écrit un véritable traité sur la culture de la vigne, sur les instruments nécessaires à cette culture, sur la vinification, les vendanges et les qualités des vins. Il con-

---

le jour même de son mariage, il consacra à ses études une partie de la journée.

(1) Susanneau composait alors un dictionnaire cicéronien qu'il publia en 1537 à Paris.

(2) Dolet fit paraître cette dissertation *De re navali*, en un volume distinct qui n'a pas moins de 220 pages.

(3) Comment. I, col. 280.

sacre deux colonnes (1) à un tableau des crus français et étrangers.

Au cours de ses digressions, Dolet se met plusieurs fois en scène et nous entretient de ses talents avec une satisfaction non dissimulée. Il donne aussi un tableau d'ensemble de la Renaissance gréco-latine et porte des jugements équitables sur la plupart des écrivains français et étrangers. Malheureusement il a formulé sur Erasme des critiques déplacées (2) qui ont nui au succès de l'œuvre. Il s'aliéna ainsi la sympathie de tous les partisans du maître hollandais, qui ne voulurent pas approuver un ouvrage où était dénigré de parti pris un des chefs les plus incontestés du mouvement intellectuel.

La partialité de Dolet à l'égard d'Erasme était d'autant plus apparente qu'il comblait de louanges tous les autres humanistes. Il nomme jusqu'aux plus humbles d'entre eux dans un précieux tableau de l'activité littéraire en Europe, à la fin du xve et au commencement du vxie siècles. Nous ne pouvons reproduire cet important passage, mais nous ne résistons pas au plaisir de traduire la conclusion où s'affirme une foi ardente dans un avenir meil-

(1) Tome I, colonnes 311 et 312.
(2) Principalement dans le premier tome.

leur préparé par les progrès de l'esprit humain :
« La barbarie perd du terrain... Plus que jamais
fleurit l'étude des lettres. En devenant cultivés,
les hommes s'élèvent enfin à la connaissance si
longtemps abolie de la vérité et de la justice.
Ils apprennent à se connaître ; leurs yeux qui
clignotaient autrefois dans les ténèbres, s'ouvrent
à la lumière de la nature... Elle décroît
enfin la puissance tyrannique de ceux qui
haïssent la culture de l'esprit, et les jeunes
gens de notre siècle seront instruits dans les
voies de la science. Pénétrés de la dignité que
donne la pratique des lettres, ils renverseront
leurs ennemis, entreront à leur tour dans les
hautes fonctions publiques, parleront dans les
conseils des rois... C'est l'étude qui, en nous
éloignant du vice, nous porte à aimer la vertu.
C'est elle qui enseigne aux princes à découvrir,
pour en faire leurs conseillers, les sages décidés
à établir le règne de l'équité. C'est elle
encore qui apprend aux rois à redouter et à
repousser comme un poison les flatteurs, les
parasites, les organisateurs de fêtes, intrus dont
regorgent les palais. Quand ces progrès seront
accomplis, que manquera-t-il à Platon pour le
bonheur de sa République (1) » ?

(1) Comment. I, col. 1157 et 1158.

La ventes des Commentaires ne donna que de médiocres bénéfices. L'ouvrage s'adressait d'abord à un public restreint, et de plus, le prix en était élevé, à cause de l'étendue des volumes et du soin de l'édition. A défaut de rémunération immédiate, l'auteur eut la joie d'étendre au loin sa réputation d'humaniste(1). Il se concilia même la faveur du roi et en retira un précieux profit, sous la forme d'un privilège de maître imprimeur pour dix années.

En résumé, les Commentaires représentent le labeur le plus honorable de la carrière de Dolet. Ils ne révèlent, en vérité, ni qualités très brillantes, ni vues critiques très profondes, mais ils prouvent une érudition consommée, alliée à une puissance de travail considérable. Il faut admirer le talent et la ténacité d'un homme qui a conçu et exécuté seul une œuvre qui semblait réservée aux patients efforts d'une longue suite de Bénédictins.

OBSERVATIONS SUR L'EUNUQUE ET L'ANDRIENNE

Térence était, après Cicéron, l'écrivain que Dolet connaissait le mieux. En 1540, l'huma-

---

(1) Ce qui prouve que les Commentaires furent remarqués, c'est que peu après leur publication, on en fit des abrégés à l'usage des étudiants. Ces épitomes parurent à Bâle.

niste publia une étude, rédigée en latin, sur deux comédies de ce poète, l'*Andrienne* et l'*Eunuque* (1).

Il relève scène par scène, les principales expressions et les commente. Ce n'est pas véritablement une critique, mais une explication sur l'emploi des termes, sur leur signification et les tournures de phrases.

On peut considérer les *Observationes* comme une importante addition aux Commentaires de la langue latine, à propos du style de Térence.

L'ouvrage, comme la plupart de ceux qu'a composés Dolet, a perdu l'intérêt et l'originalité qu'il présentait au commencement du xvie siècle. Gloses et scolies faisaient alors grand honneur à l'érudition de l'auteur; elles n'ont plus aujourd'hui d'autre utilité que de fournir quelques matériaux à des constructeurs de thèses pour doctorat ès-lettres. Mais en 1540, on accueillit les *Observationes* comme un important traité, ce qui décida Dolet à imprimer l'œuvre complète de Térence, et à rééditer en 1543 ses remarques sur l'*Eunuque* et l'*Andrienne*.

---

(1) *Observationes in Terentii comœdias nempe Andriam et Eunuchum.* Lyon, 1540.

FORMULAIRE DE LOCUTIONS LATINES

Cet in-folio (1) de plus de 200 pages ne saurait nous intéresser à aucun point de vue. Mais il est utile d'en faire mention pour mettre en relief l'ardeur toute particulière de Dolet pour les études de grammaire latine.

Le formulaire est un recueil didactique, une sorte de glossaire à l'usage des commençants. L'auteur fait un choix de substantifs et de verbes latins, détermine leur emploi, donne des exemples et cite des idiotismes.

Ce recueil est pour ainsi dire un extrait des *Commentaires de la langue latine*, mis à la portée des étudiants.

TRAVAUX DE GRAMMAIRE FRANÇAISE

Dolet se plaisait aux vastes desseins. Après avoir eu l'intention de traduire l'œuvre entière de Platon (2), d'écrire l'histoire générale de son temps (3) et « ung grand dictionnaire vulgaire » (4), il forma le projet de composer un

---

(1) *Formulæ latinarum locutionum illustriorum.* Lyon, 1539.
(2) Voir lettre-préface du *Second Enfer*.
(3) Lettre à Budé (Comment. I).
(4) Préface de la traduction des *Epitres familières*.

traité complet de la langue française qui devait avoir pour titre *L'Orateur Françoys* et comprendre : « la grammaire, l'orthographe, les accents, la punctuation, la pronunciation, l'origine d'aucunes dictions, la manière de bien traduire d'une langue en aultre, l'art oratoire, l'art poétique (1) ».

L'auteur n'eut pas le temps de mener à bien cette entreprise. Il ne rédigea que trois chapitres qu'il réunit en un petit volume dédié à M. de Langeai, gouverneur du Piémont, *en reconnaissance de sa libéralité* (2) ».

La première dissertation a pour objet : la manière de bien traduire ; la seconde : la ponctuation ; la troisième : les accents.

Après avoir lu ces trois études, on regrette que Dolet n'ait pu donner pour notre langue l'équivalent de ses commentaires latins. L'opuscule contient, en effet, d'heureuses observations. Cet ardent Cicéronien sut sagement se garder d'appliquer au français, idiome vivant, les théories qu'il professait à l'égard d'une

---

(1) Préface (Epistre au peuple françoys) de la *Manière de bien traduire d'une langue en aultre*. Lyon, 1540.

(2) Dans la lettre-préface, M. du Bellay-Langeai est porté aux nues par Dolet : « Je te révère, dit-il, comme un demi-dieu habitant en ces lieux terrestres... tes vertus et perfections infinies m'ont ravi jusque-là que sur tous je t'adore ».

langue morte. Il comprit que les formes du langage français ne peuvent rester figées dans un moule rigide, qu'elles s'enrichissent et par conséquent se transforment. C'est pourquoi Ramus (1) a classé l'humaniste parmi les grammairiens, ennemis de la routine, qui « taschent de réformer l'abus de nostre escripture, et faire qu'elle convint à la parolle ». Ceci veut dire que Dolet désirait la *simplification de l'orthographe*. Nous lui devons à ce sujet une petite réforme, énoncée dans le chapitre des « accents ». Il a proposé de former le pluriel de l'*e* masculin (aujourd'hui l'e fermé) par un *s* au lieu d'un *z*. Par exemple, on écrivait alors : iniquitez (pluriel). Il a demandé de transformer le z en s et de marquer l'accent sur l'e = iniquités. L'usage lui a donné raison.

Il faut encore louer Dolet d'avoir enseigné, dans le troisième chapitre, l'emploi de l'apostrophe, si utile pour l'euphonie.

Mais dans son désir de simplifier ou d'unifier l'écriture, il n'exige pas un brusque bouleversement; il ne croit pas bon de jeter bas d'un seul coup toutes les surcharges de la grammaire. On ne doit rompre les traditions que par ébran-

---

(1) Grammaire françoyse. Paris, 1572.

lements successifs : « *Il convient, dit-il, de réformer peu à peu* ».

Le souci de ne pas compliquer notre langue lui a fait dénoncer par avance, dans la manière de bien traduire, l'erreur de Ronsard. Il recommande, en effet, de n'improviser des mots que le plus rarement possible ; le traducteur de textes latins, notamment, ne doit pas céder à la tentation de latiniser sa traduction, c'est-à-dire de déguiser les mots latins sous des terminaisons françaises, procédé qui a pour résultat de ne rendre le discours intelligible qu'à des initiés. On éprouve quelque satisfaction à trouver, chez un fervent humaniste, un aussi sage conseil qui atténue, en quelque sorte, la rigueur étroite des théories sur la langue latine, soutenues dans le dialogue cicéronien.

Les trois études dont nous venons de parler eurent beaucoup de succès. Elles furent éditées quatre fois du vivant de l'auteur, et dans la suite très souvent réimprimées.

V

L'EXÉGÈTE

CATON CHRÉTIEN

En 1538, soit un peu avant, soit un peu après les *Carminum libri quatuor*, Dolet fit paraître un opuscule, intitulé *Cato christianus*, dédié au cardinal Sadolet. Nos recherches pour en découvrir un exemplaire sont restées sans résultat. En 1543, ce traité fut prohibé, et, peu après, le Parlement de Paris décréta qu'il serait brûlé, avec d'autres ouvrages, sur le parvis de l'église Notre-Dame de Paris (1). Les ordres de la cour furent sans doute exécutés

(1) Première partie, p. 79 et 86.

avec un zèle parfait et à peu près tous les exemplaires jetés au feu (1).

Selon les renseignements que nous avons, *Caton chrétien* est une brève explication (trente pages) des commandements de la loi donnés à Moïse sur le mont Sinaï, du symbole des apôtres et de l'oraison dominicale. Les deux odes à la vierge Marie, que nous avons analysées, sont reproduites à la fin.

Ce petit traité ne nous eût rien appris sur Dolet écrivain. Nous aurait-il fourni, du moins, quelques éléments d'appréciation sur ses opinions religieuses? Nous ne le pensons pas, car, ainsi que nous l'avons montré (2), cet opuscule était une publication de pure circonstance. L'humaniste se sachant suspecté d'hérésie, n'avait eu en vue que d'effacer ce dangereux soupçon en donnant un gage à l'autorité ecclésiastique. Il ne trouva rien de mieux que de composer hâtivement un ouvrage pieux, lors de ses débuts comme imprimeur. « On répand le bruit, dit-il en substance dans sa préface, que je suis un mécréant. J'apporte ici ma justification » (3).

---

(1) Il n'en subsisterait plus que deux qui se trouveraient en Angleterre.
(2) Pages 64 et 65.
(3) Voir Copley Christie, E. Dolet, p. 327.

Le *Cato christianus* n'est donc pas, selon toute apparence, l'expression spontanée d'une ferme conviction, et il ne faut le considérer, selon nous, que comme la manœuvre d'un écrivain soucieux de parer à un danger inquiétant.

VI

LE MORALISTE

L'AVANT-NAISSANCE DE CLAUDE DOLET

En 1539, Dolet eut un fils qu'il appela Claude. A l'occasion de cette naissance, il composa un important poème latin « *Genethliacum Claudii Doleti*. . (1), dont il donna presque aussitôt une adaptation en vers français : l'*Avant-naissance* (2) *de Claude Dolet, fils de Estienne Dolet : premièrement composée en*

---

(1) *Genethliacum Claudii Doleti Stephani Doleti filii, liber vitæ communi in primis utilis et necessarius.* Lyon, 1540.

(2) Cette dénomination servait à désigner toute œuvre composée en vue de célébrer la venue au monde d'un enfant. Clément Marot l'a employée pour un de ses poèmes : *Avant-naissance du troisième enfant de la duchesse de Ferrare*.

latin par le père, et maintenant par ung sien ami, traduicte en langue françoyse. Œuvre très utile et nécessaire à la vie commune; contenant comme l'homme se doibt gouverner en ce monde.

Ce titre annonce que la traduction est faite par un ami de Dolet. Il n'en est rien ; tout décèle dans l'*Avant-naissance*, ainsi que dans la préface en prose, la manière de notre humaniste (1). D'ailleurs, le mot « traduction » n'est pas exact ; il faut le remplacer par celui d'adaptation. Dolet, qui avait la meilleure opinion de ses talents, eût difficilement admis qu'un collaborateur, même choisi parmi ses intimes, ne suivit pas de plus près le texte latin, et, au lieu d'une traduction, prit la liberté de donner une paraphrase, et même d'ajouter des matières nouvelles. Ce prétendu ami, dont on ne donnait pas le nom, n'existait pas. Aussi personne ne songea à chercher la clef d'un anonymat trop peu mystérieux.

Le mérite littéraire du *Genethliacum* (2) nous paraît supérieur aux autres ouvrages en

---

(1) Nous ne savons pas pourquoi il a employé ce détour.

(2) Dédié à Claude Cottereau, parrain du nouveau-né. Cottereau, grand admirateur de Dolet, était poète et jurisconsulte. Il a laissé des vers latins et un traité de législation militaire.

vers latins de l'humaniste. Le style, harmonieux et plein, s'adapte à la simplicité grave du sujet. La pensée se dégage des surcharges et des longueurs. L'auteur disparaît et l'on trouve un homme.

Mais, bien que la forme du poème latin soit plus élégante que celle de l'adaptation française, nous avons préféré fixer le développement de notre analyse sur le poème français, qui est, avec le *Second Enfer*, l'œuvre principale de l'auteur dans notre langue.

L'*Avant-naissance de Claude Dolet* (1) est un essai de philosophie morale, ensemble de conseils et de maximes destinés à former le cœur d'un adolescent, et à lui fixer des règles de conduite.

Après un avertissement au lecteur et un cantique aux neuf Muses, Dolet trace en vers de dix syllabes « les préceptes nécessaires à la vie commune ».

> En premier lieu, ta foy ce poinct tiendra
> Qu'il est ung Dieu tout puissant et unique
> En ses effects : et si ce sans réplicque
> Tu crois par foy, et en luy ta fiance
> Soit toute mise (ô Dieu quelle asseurance,

(1) Cet ouvrage a été réimprimé en 1830.

O quel repos) alors tu cognoistras
Comme en tout lieu et honneur accroistras.

Ayant posé la foi et l'espoir en Dieu comme la base de la morale et du bonheur, il commence sa leçon paternelle. Le ton est celui d'un bourgeois plein d'expérience, honnête mais pratique.

Les conseils se succèdent sans ordre apparent et l'on chercherait en vain une définition du bien ou des développements sur les qualités du cœur : « Ne t'embarrasse point de théories, semble dire l'auteur à son fils. Fais ceci, puis cela, et encore ceci ; d'autre part, évite ce piège. Tu t'en trouveras bien, c'est moi, ton père, qui te l'assure ».

Dans leur brièveté, comme aussi dans leur trop grande généralité, les avis sont presque desséchés. Dolet ne circonscrit pas assez son sujet qui devient trop vaste pour être utilement traité dans les 528 vers que comporte le poème. Faute d'avoir fait un choix, il n'approfondit rien. Point de détails charmants ; un prêche sans solennité, mais superficiel, peu pénétrant, et qui tourne à une monotone énumération de préceptes. L'attention se disperse et la conscience est peu touchée. Mais essayons plutôt d'esquisser la physionomie de l'ouvrage que Dolet a écrit pour son fils.

La vertu (1). — Que ta vie soit exempte d'ambition, lui recommande-t-il tout d'abord. Cultive la sagesse et la prudence : les vertus sont la vraie richesse. Sois courageux en esprit, ne te laisse pas abattre par l'adversité.

L'étude. — Etudie, cherche les causes et les finalités : la science préserve de la superstition.

L'économie. — Après la mort de tes parents, quand tu seras livré à toi-même, pratique l'économie et évite les débauchés. Le plus grand savant, s'il est pauvre, est peu estimé :

> Aie du bien : aultrement seras bête
> Voire eusses-tu de savoir pleine tête!

La charité. — Garde-toi cependant de l'avarice et veille sur ton honneur avec un soin jaloux. Sois modeste et surtout charitable : ainsi l'on plaît à Dieu qui nous reçoit *bénignement au ciel*, et nous épargne *le gouffre d'enfer*.

> Mais en ceci je te veux advertir
> Qu'en épargnant ne te dois divertir

---

(1) Pour rendre notre analyse plus claire, nous avons adopté des sous-titres qui ne se trouvent pas dans le texte de Dolet. Néanmoins, nous suivons l'ordre du poème.

> De faire bien aux pauvres par pitié.
> Un tel vouloir, une telle amitié
> Entre mondains à Dieu plaît grandement
> Et tant, que par ce au ciel bénignement
> Sommes reçus, et évitons le gouffre
> D'enfer.....
> ..... Aime trop mieux
> Pauvres nourrir, que garder écus vieux.
> Ainsi doit faire homme humain à l'humain.

La fortune. — Dolet a déjà signalé le danger du détachement des biens terrestres. Il revient sur cette idée et apporte un correctif indispensable : s'il est permis de chercher à s'enrichir, on ne doit point parvenir à la fortune par des moyens misérables. Donc, ne t'enrichis pas en dépouillant autrui :

> Car bien acquis par fallace rusée
> Communément n'ont pas longue durée.

Nous n'insisterons pas sur cette raison assez grossière d'être honnête.

L'amitié. — Aie des amis, poursuit-il, mais choisis-les avec soin. Ne blesse personne.

Suit une tirade banale sur les amis qui divulguent les secrets.

— Evite les flatteurs et les faiseurs de rapports.

Conduite envers les serviteurs. — Ne prends pas pour confidents tes serviteurs. Ce sont, dit-il, des *outils animés!* Cependant, tu leur témoigneras de la bienveillance.

Le mariage. — Marie-toi et traite ta femme avec douceur.

> Pourtant ne fault la bride lui lâcher
> Par trop, et tant que t'en puisse fâcher,
> Car de soi-même assez audacieuse,
> Est toute femme, et de plaisir soigneuse.
> Plus, liberté et franchise illicite
> A faits méchants, les plus sages incite.

Ne permets pas que ta femme s'habille somptueusement. Ne sois exigeant ni sur sa beauté, ni sur sa richesse. Fais plutôt attention à sa famille, à son caractère et à sa vertu. La beauté passe

> Comme rosée et bientôt périra.
> La dot aussi se peut tôt en aller.

Les lois. — Il faut observer les lois. Si tu remplis des fonctions publiques, ne deviens ni orgueilleux ni avide; et si tu es juge, reste incorruptible.

> Ne prise plus un duc qu'un couturier
> Quant à la justice...

La cour. — Si tu fréquentes la cour, tu n'y réussiras qu'en faisant de beaux discours et en payant d'audace. Pourvu d'une charge par la faveur du roi, ne commets aucune malversation.

Le métier militaire. — Dolet détourne son fils de la carrière des armes. Les grands capitaines, assure-t-il, ne sont plus les premiers personnages dans l'Etat, et les méfaits habituels des gens de guerre sont odieux.

La patrie. — Cependant, c'est un devoir de prendre les armes et d'être prêt à mourir pour défendre son pays contre l'envahisseur.

> Mais je veulx bien que le cas advenant,
> Qu'en ton pays il y eust guerre ouverte,
> Tu craignes moins de la vie la perte,
> Que par cruels et félons ennemys,
> En servitude à jamais tu soys mys.

La mort. — D'ailleurs, il faut se résigner à mourir. L'heure venue, les murmures sont inutiles et le désespoir est impie, car l'âme est immortelle et *nous serons* tous *sauvés par les mérites du Christ*.

> La mort est bonne et nous privé du mal;
> La mort est bonne, et nous oste du val
> Calamiteux : et puis nous donne entrée

Au ciel (le ciel des âmes est contrée).
Prends doncq en gré, quand d'icy partiras,
Et par la mort droict au ciel t'en iras.
En cet endroict, il ne faut avoir foy
A ceulx disants (et ne scavent pourquoy)
L'âme et le corps tous deux mourir ensemble.

. . . .

Croy (et est vray) que l'âme est immortelle,
Et que de Dieu a pris son origine,
Qui ne meurt poinct, et que mort n'extermine
De l'héritage où nous serons tous mys
Par le mérite (o divine clémence)
De Jesu Christ ; et en telle fiance
Meurs, quand plaira à Dieu d'icy t'oster
Où aultrefois luy a plû te bouter.

Le poème se termine sur ces mots. Si nous n'en avons pas restitué la physionomie intégrale, nous avons, du moins, cité toutes les idées qui y sont exprimées.

La philosophie de l'*Avant-naissance* est un amalgame de spiritualisme et d'utilitarisme. L'idéal de l'auteur se tient à mi-côte. Il n'exige pas des sacrifices extrêmes. Ni voix trop sévère, ni voix trop indulgente. Le bonheur est désirable; il faut le rechercher, mais on ne peut le trouver que dans la sagesse et dans la modération. L'homme heureux est l'homme raisonnable, de vertu moyenne, de désirs modestes, qui sait accepter certains usages et s'adapter à certaines circonstances.

La morale de Dolet est celle de la sagesse des nations, applicable à des esprits ordinaires, à la multitude des braves gens peu capables de résolutions héroïques. Un instinct secret les détourne des abîmes, mais ils sont privés des ailes puissantes qui portent sur les sommets. Ni trop haut, ni trop bas, telle est leur maxime.

Dolet n'interroge pas la conscience pour y découvrir une règle fixe, un appui constant et solide. Il se contente de proposer à son fils des attitudes au cours de divers événements, et traite la question morale par les côtés extérieurs.

Le renoncement n'est pas de son goût : aie du bien, dit-il à son fils, et il ajoute que c'est la meilleure façon d'être apprécié par son prochain — ce qui prouve que l'auteur fait grand cas du jugement des hommes.

Il recommande la charité, mais enseigne aussi le moyen de réussir à la cour.

Sur le chapitre des femmes, il fait bon marché du sentiment et de la galanterie. Il estime que même les plus sages d'entre elles ont le caractère enclin à la frivolité et au mal (*à faits méchants*) et qu'il convient de ne pas les émanciper. Pour notre repos, et pour leur plus grand bien, il faut les tenir en tutelle et les guider avec une fermeté enveloppée de douceur.

Enfin, Dolet affirme l'immortalité de l'âme (ce qui ne l'empêche pas d'aimer la vie) et termine son poème par l'énoncé d'une opinion qui dépasse les bornes de la morale, atteint à l'amour universel et confond dans l'au-delà le bien et le mal : le Christ rachètera la totalité des péchés et l'humanité tout entière sera sauvée.

Le style de cet ouvrage est d'une aimable simplicité. Plusieurs passages ont une saveur de naïveté charmante, mais l'ensemble manque de cette chaleur spontanée qui vient du cœur. Trop de vers-maximes et de lieux communs, à peine déguisés sous une défroque poétique, en rendent la lecture peu attrayante, malgré la diversité des sujets. Dolet nous avertit, d'ailleurs, qu'il a simplement écrit ce poème « pour se délasser ». Il n'avait d'autre but que de proposer à des jeunes gens, dans un langage familier, un ensemble de conseils judicieux. Ne cherchons pas, en conséquence, dans ce traité sans prétentions, des vues originales et des développements qui pourraient placer l'auteur à un rang distingué parmi les philosophes moralistes.

VII

L'HISTORIEN

LES GESTES DE FRANÇOIS DE VALOIS, ROI DE FRANCE

Dolet ne douta jamais de ses aptitudes encyclopédiques. Il eut une très haute confiance dans ses capacités littéraires — qualité qui n'est pas sans inconvénients — et crut que son esprit se prêterait avec un égal succès aux genres les plus divers.

Après avoir acquis une réputation d'érudit, de poète, d'orateur, de polémiste et même de philosophe, il voulut ajouter à tant de titres celui d'historien.

Dès 1536, ainsi qu'il l'annonce dans une

lettre (1) adressée à Budé, il avait résolu d'entreprendre le récit général des événements historiques de son temps.

Faute de ressources, de loisirs, d'appuis et peut-être de compétence, il ne tarda pas à apercevoir la vanité d'un travail aussi compliqué. Mais, soit pour utiliser quelques documents déjà réunis, soit pour se concilier la protection du roi (de même qu'il avait essayé de gagner la faveur de l'autorité ecclésiastique avec *Caton chrétien*), il écrivit en *vers latins* une relation succincte des principaux faits de l'histoire de France de 1513 à 1539, sous le titre de : *Francisci Valesii Gallorum Regis fata*.

En 1540, il publia, en français et en prose, une adaptation de cet essai : *Les Gestes de Françoys de Valois, Roy de France*, et dans une seconde édition, prolongea le récit jusqu'en 1543, année même de la réimpression de l'ouvrage.

Nous nous bornerons à l'examen de l'adaptation française, en fournissant quelques citations de nature à mettre en relief les procédés descriptifs de l'auteur.

Comme entrée en matière, l'historien se

---

(1) Imprimée en tête des *Commentaires de la langue latine*

préoccupe de déterminer le sens du mot *fatum*. Naguère, l'inquisiteur de la foi avait réprimandé Dolet sous prétexte que dans les *Carmina* et dans les *Francisci... regis fata,* il avait employé ce mot dans une acception païenne, approuvant ainsi la doctrine fataliste (1). L'auteur saisit la première occasion de s'exprimer publiquement à ce sujet, et s'efforce, par des définitions plus ingénieuses que franches, de donner le change aux alarmes des gardiens de l'orthodoxie : « Destinée, dit-il, est une fille de Dieu omnipotent ». « Elle n'est rien aultre chose, conclut-il, qu'ung ordre éternel des choses ». De telle sorte que les peuples, pas plus que les individus, ne peuvent échapper à leurs destinées !

A cette explication, succède un éloge hyperbolique de François Ier ; puis l'historien esquisse à grands traits les principaux événements du règne.

Cette lecture est la plus décevante de l'œuvre de l'humaniste. Le récit se déroule dans un style pompeux et nourri de lieux communs. On va de page en page sans noter un détail intéressant, une remarque personnelle. Dans de

---

(1) V. p. 65.

longues tirades, verbeuses et boursouflées, les personnages sont l'objet de comparaisons puérilement classiques. L'auteur a cru pouvoir entasser impunément dans un traité d'histoire les images homériques et virgiliennes. Il a commis une étrange confusion de genre et s'est égaré dans une imitation déplacée.

Quelques exemples feront juger du vide et de la médiocrité de cet ouvrage grandiloquent.

Dolet est poète. Le croirait-on à voir avec quelle sécheresse il dépeint la cérémonie du sacre ? « Après avoir esté sacré à Reims, *à la manière des aultres rois...* » !

En revanche, la narration de la bataille de Marignan occupe plusieurs pages, mais on les parcourt sans y recueillir un fait précis, un détail utile ou une observation sur la tactique employée dans le combat. Ce récit, hors de proportion par son étendue avec le reste du traité, n'est guère autre chose qu'un déluge de phrases, de surcharges et de figures. Sauf dans quelques lignes, la description est entièrement imaginée : changez les noms propres et vous pourrez l'appliquer à n'importe quel récit de bataille du temps. Quelques citations sont utiles pour appuyer la sévérité de notre jugement.

Voici l'attitude du roi devant les Suisses, lorsque l'action s'engage : « Il ne s'estonna. Comme ung lion magnanime environné d'une troupe d'animaulx, bœufs, ours, loups, chiens, pour tout cela ne s'estonne, mais d'ung seul tremblement de sa hure espouvante cette tourbe audacieuse ; et s'il advient que, en derrière, par morsures clandestines, il soit blessé, lors par sa force victorieuse, il défait telle vermine : en ceste sorte, le Roy... »

Nous passons deux discours fantaisistes de François Ier et du général suisse à leurs troupes respectives. Ces harangues communiquent aux combattants une ardeur ainsi décrite :

« Non dissemblable fureur convertit en ire (colère) deux taureaux courants du hault d'une montagne après une vache chaude. L'un et l'autre se fait guerre, front contre front, cornes contre cornes. Ainsi entrelacés, se donnent plusieurs coups, se fichant les cornes dans la chair l'ung de l'aultre : tant qu'on leur voirroit le col et épaules rougir de sang. Si n'est leur combat fini jusques à ce que l'ung, vaincu, fasse tel bruit par sa voix, que ciel et terre et lieux circonvoisins (?) en retentissent. En telle ardeur étoient les Françoys et Suisses mêlés ensemble... »

Deux lignes plus loin, les soldats sont « comme ung sanglier échauffé qui ne craint en rien la morsure des chiens, et ne daigne éviter épée ou dard du veneur ».

Peu après les Français deviennent aussi terribles que « des tigres ayant perdu leurs petits. Telle bête en telle infortune est remplie de fureur et montre bien semblant de vouloir perdre la vie pour se venger du ravisseur ; elle court çà et là, toute enragée, aiguisant ses dents et ses ongles à toutes heurtes, et s'il advient qu'elle rencontre le larron de sa lignée, c'est merveille de voir la rage qu'elle exerce sur luy, en façon qu'elle n'est contente de la mettre en mille pièces. De telle fureur estoient repris les Françoys ».

Puis ils sont comme « un loup enragé de faim, se trouvant en la troupe ou de brebis ou de chèvres ; avec la gueule ouverte et son chef incliné, se repait du sang de tel bétail, et se lave la gorge à l'occision d'iceluy ; puis, par mépris, chasse devant luy le restant des bêtes vivantes, et se baigne dans le sang de celles qu'il voit couchées par terre : non aultrement fesoient les Françoys ».

Lorsque les Suisses se replient, ils fuient « en la sorte qu'ung serpent se trouvant en chemin, si quelque charrette lui passe par dessus, ou si quelque voyageur le persécute de coups de pierre et le laisse demy-mort, bien en vain alors il commence de se contourner, ouvrir ses yeuls ardents plus qu'avant, et siffler à oultrance, haussant le col plus que de mesure ; la partie blessée retarde son effort, et à la fin est contraint, tellement quellement, trouver refuge en son pertuis et éviter l'insistance du voyageur : en semblable figure, les Suysses...»

Quant aux exploits de Bayard, aux deux journées de Marignan, il n'en est pas même question. La mort du Chevalier sans peur et sans reproche est, un peu plus loin, relatée dans une ligne, comme s'il s'agissait d'un simple officier de bande : « le Roy envoya son armée dans le duché de Milan sous la charge de l'amiral (1), lequel ayant tenu les champs longtemps, fut à la fin contraint de se retirer. *Et à cette retraite, fut tué d'un coup de hacquebute le capitaine Bayard* ».

Le siège de Pavie donne lieu à des exercices de style superflus, tels que : « D'aussi grand cœur se défendoient ceux de la ville, comme si c'étoient des lions qui courageusement assail-

---

(1) L'incapable Bonnivet qui conseilla la bataille de Pavie et y trouva volontairement la mort.

lissent une troupe de taureaux... » — Au moment de l'assaut, le roi est longuement comparé à « un sanglier qui mène ses petits » — Le pont sur le Tessin ayant été rompu, les nôtres ne purent battre en retraite et l'historien conte ainsi leur reddition :

« Et étant frustrés de leur espoir, les pauvres Françoys furent contraints de se mettre en la merci des ennemys, et de se rendre leurs prisonniers. Comme quand deux taureaux viennent à combattre l'ung contre l'aultre par grande fureur, le bestial (le restant du troupeau) des deux parts les environne, et chacun favorise au sien et voudroit bien le voir victorieux. Mais s'il advient que l'ung ou l'aultre soit vaincu, ceux qui auparavant favorisoient au plus faible, se réduisent à la puissance et domination du plus fort, combien que ce ne soit sans grand regret et douleur. En cette sorte, les Françoys voyant leur chef captif, se soumettoient à leurs adversaires, et sauvoient leur vie le mieux qu'ils pouvoient ».

Voici le tableau des mesures prises en France, à la nouvelle de la captivité du roi :

« Chacun se mettoit en devoir de réparer et de fortifier les villes, afin que si l'ennemi vouloit envahir la France, il trouvât les lieux fortifiés et appareillés pour bien luy résister. Comme si une compaignie de grues ayant constitué en ung champ l'une d'elles pour échauguette, vienne à la perdre, et icelle prise ou occise par quelque coup de trait, pour cela les aultres ne s'estonnent et ne s'envolent du champ où elles paissent (!) et prennent leur repos, mais de plus en plus font diligence de se garder et de n'être point surprises par la ruse de l'oiseleur. En telle sorte, les Françoys, quoique leur roi fut pris, ne furent pas trop estonnés ou abattus par langueur ».

Renonçant pour une fois aux comparaisons tirées de la zoologie, Dolet dépeint ainsi l'allégresse du peuple, après la délivrance et le retour du roi en 1525 : « Ainsi donc, le roi retourna en France avec grand joie de ses sujets. Comme quand une longue pluie contraint les laboureurs se tenir au couvert un long temps, avec un grand regret de ne pouvoir vaquer à leurs affaires et être aux champs travailler. Puis, si le beau temps retourne, Dieu sait quel soulagement leur advient. En telle sorte les Françoys se réjouissoient au retour de leur prince et chacun louait Dieu de cette réparation de malheur ».

Un peu plus loin, la mort du duc de Bourbon, au siège de Rome, n'inspire aucune réflexion au narrateur : « Aussi Bourbon fut tué d'un coup de hacquebute sous les murs de la ville, ainsi qu'il s'efforçoit d'y entrer. Nonobstant sa mort, la ville fut prise ».

Les enfants du roi qui servaient d'otages rentrent en 1530. Ils sont « comme des passereaux échappés à l'épervier... » et leur père devient « le pasteur qui ramène sa brebis égarée... »

L'historien fait en ces termes l'éloge du courage de Montmorency, dans une mêlée : « où il étoit un sanglier devant les chiens ».

Mais il faut s'arrêter là pour ne point citer tout l'ouvrage.

Les *Gestes de Françoys de Valois* n'ont rien de ce qui fait la valeur ou l'intérêt d'un traité d'histoire. C'est un exercice d'école ; il ne comprend pas plus de quatre-vingts pages, et si l'on élague les fioritures de style, il subsiste à peine quarante pages utiles et méritant à peu près cette dénomination : *Abrégé de l'Histoire du règne de François I*er, — au lieu du titre pompeux adopté par l'auteur et suivi de ces mots : « Œuvre dedans lequel on peult congnoistre *tout* (!) ce qui a esté fait par les Françoys depuis l'an 1543 jusque en l'an 1543. »

Dolet ne sait pas dégager la portée morale ou politique des faits historiques ; il les réduit à leur plus simple expression et absorbe le canevas sous les guirlandes. Sur le squelette des événements, il enroule des phrases imagées et creuses. Ce n'est pas de l'histoire et c'est de la littérature négligeable. Dolet ne rachète pas le défaut de profondeur par l'agrément du récit ; il n'a pas la naïveté du chroniqueur et nulle part ne fait songer à la sobriété vivante d'un Commines.

D'autre part, il n'a même pas utilisé les détails qu'il connaissait le mieux. Un exemple. En 1533, François Ier, accompagné de la reine, se rendit à Marseille pour le mariage de son second fils, le duc d'Orléans, avec Catherine de Médicis. Il s'arrêta près d'une semaine à Toulouse. On donna de grandes réjouissances en son honneur, bien que la ville fut appauvrie par les guerres, la famine et la peste. Dolet se trouvait alors à Toulouse, où il étudiait le droit ; il fut témoin du mouvement que causa la présence des hôtes royaux. François Ier tint notamment un lit de justice au Parlement, visita l'Université et lui accorda, en l'honneur de sa venue, un important privilège : le droit de créer des comtes ès-lois. Toutes ces cérémonies offraient matière à développements. Les fêtes furent célébrées avec une pompe magnifique, car le roi était escorté d'une foule de princes, de cardinaux, d'évêques, de généraux, d'ambassadeurs et de gentilshommes ; parmi eux : le roi de Navarre, les trois enfants de France, le duc de Bretagne, le grand-maître Montmorency, le grand-écuyer, MM. de Vendôme et de Nevers, le grand-chancelier Duprat, légat du pape ; le cardinal de Lorraine, l'archevêque de Bordeaux, etc. Or, voici tout ce que dit notre écrivain sur des choses que, cependant, il a vues : « *Lors, le roi fit son entrée à Toulouse, puis vint à Montpellier.* »

Dolet s'est montré bien inférieur à lui-même dans cet ouvrage de pure rhétorique. Il l'a écrit hâtivement, sans se documenter, et, pour lui donner quelque apparence, l'a rempli de descriptions artificielles. Le jugement de Voltaire sur le Télémaque s'applique ici sans injustice :

« On n'y voit que des princes comparés à des bergers, à des taureaux, à des lions, à des loups avides de carnage. En un mot, les comparaisons sont triviales, et comme elles ne sont pas ornées du charme de la poésie, elles dégénèrent en langueur (1). »

Les *Gestes de François de Valois* ne sont qu'un essai malheureux, une broderie littéraire qui n'a pas mérité de rester.

(1) *Mélanges*, livre X.

VIII

LE TRADUCTEUR

LES LETTRES FAMILIÈRES DE CICÉRON

L'admiration de Dolet pour Cicéron faisait prévoir qu'il s'appliquerait à traduire, au moins en partie, l'œuvre du grand orateur romain. Son choix porta d'abord sur les lettres dites *ad familiares* (1). Il nous apprend qu'il acheva d'imprimer sa traduction le 28 avril 1542 (vieux style) ; il la publia sous ce titre : *Les Épistres familiaires de Marc Tulle Cicero, père d'éloquence latine.*

En tête de chacun des seize livres qui com-

---

(1) Ces lettres avaient été perdues pendant longtemps. C'est Pétrarque qui les retrouva à Vercelli.

posent cette correspondance, l'humaniste a placé un argument. Dans plusieurs de ces sommaires, il avertit le lecteur qu'en vue d'éviter des redites, il a omis des épitres dont l'intérêt était épuisé par des récits précédents.

Dolet nous montre une fois de plus, par cette traduction, qu'il est pénétré du génie de la langue latine. Il saisit à merveille la pensée de Cicéron et serre le texte sans jamais sacrifier au mot à mot. Mais le style manque de légèreté et de concision. Parfois même il est embrouillé.

Le traducteur semble trop vivement impressionné par son culte pour Cicéron. L'ouvrage qu'il reproduit, il le touche avec un respect presque saint, et la simplicité de son langage n'y gagne pas. Il ne devance pas Amyot dans le naturel et la bonhomie charmante; son style peu savoureux ne fait pas non plus pressentir l'abondance et le pittoresque du créateur de Plutarque.

Afin de donner un aperçu de cette traduction, nous en extrayons une lettre, la dixième du livre IX. Après la mort de sa fille Tullia, Cicéron écrit à Dolabella (1) :

---

(1) Le tribun Dolabella avait épousé la fille de Cicéron, mais n'avait pas tardé à divorcer. Cette séparation ne nuisit pas aux bons rapports de Cicéron et de Dolabella.

« J'aimerois mieux, que par ma mort même, mes lettres te faillissent que par l'accident qui me griesve (m'afflige) tant fort : lequel je porterois plus modérément, si tu étois avec moi. Car tes propos tant sages et remplis de prudence, et ton amour singulière envers moi me réléveroit de grande fascherie (deuil). Mais puisque je te verroi en brief (bientôt), comme mon opinion est, tu me trouveras en tel état, que tu me pourras secourir beaucoup : non que je sois si rompu de tristesse, que je ne connoisse bien que je suis homme, et que je veuille céder à fortune : toutefois cette joyeuseté et suavité qui te délectoit plus que tous aultres, m'est du tout otée. Mais quant à fermeté et constance, si jamais elle fut en moi, tu la connoitras telle que tu la laissas.

« De ce que tu me mandes, que tu as mille querelles pour moi, je ne me soucie point tant que tu réfutes ceux qui parleront mal de moi, que j'ai envie d'entendre (ce que certainement j'entends) que tu me portes vraie amour : et te prie bien fort de le faire ainsi. Pardonne à la briéveté de mes lettres : car je pense que nous serons de brief ensemble ; et d'aultre part, je ne suis pas assez confirmé et du tout hors de fascherie, pour te tenir plus long propos — Adieu (1). »

La traduction des *Épitres familières* n'est plus au goût de notre siècle; nous ne pouvons en faire qu'un éloge, — mais un éloge essentiel, — c'est qu'elle est fidèle ; elle dédaigne les à-peu-près et ne prend pas de libertés irrespectueuses dans l'interprétation du texte dont elle a une entente sûre. Si les autres qualités de ce travail se sont évanouies, nous devons reconnaître qu'il fut admiré par les contemporains de Dolet; il fallut un siècle pour en épuiser le succès retentissant. La bibliographie de M. Copley Christie ne mentionne pas moins de trente-cinq éditions.

Érudit et appliqué, notre humaniste possédait

---

(1) Texte de Cicéron : « Vel meo ipsius interitu mallem litteras meas desiderares, quam eo casu, quo sum gravissime afflictus : quem ferrem certe moderatius, si te haberem. Nam et oratio tua prudens et amor erga me singularis multum levaret. Sed quoniam brevi tempore, ut opinio nostra est, te sum visurus, ita me affectum offendes, ut multum a te possim juvari : non quo ita sim fractus, ut aut hominem me esse oblitus sim, aut fortunæ succumbendum putem; sed tamen hilaritas illa nostra et suavitas, quæ te præter ceteros delectabat, erepta mihi omnis est. Firmitatem tamen et constantiam, si modo fuit aliquando in nobis, eamdem cognosces, quam reliquisti. Quod scribis, prælia te mea causa sustinere : non tam id laboro, ut, si quid mihi obtrectent, a te refutentur; quam intelligi cupio, quod certe intelligitur, me a te amari. Quod ut facias, te etiam atque etiam rogo ; ignoscasque brevitati litterarum mearum. Nam et celeriter una futuros nos arbitror, et nondum satis confirmatus sum ad scribendum — Vale. »

les facultés nécessaires à un bon traducteur. Mais un talent consciencieux ne suffit pas à étayer une renommée durable dans un genre secondaire : il faut atteindre la perfection. En la réalisant, Amyot, seul, devait se faire un nom. Il a cueilli toutes les couronnes et dépasse tellement ses émules que si, par hasard, on leur décerne des louanges, elles paraissent usurpées.

LES QUESTIONS TUSCULANES

A peu près en même temps que les lettres de Cicéron, Dolet avait entrepris de traduire un des ouvrages philosophiques de l'orateur : *Les Questions Tusculanes* (1). La traduction des lettres fut achevée la première ; elle parut aussitôt (1542) et celle des *Tusculanes* allait suivre lorsqu'il fut emprisonné. Pendant les longs mois que dura sa détention, il acheva la traduction des trois premiers livres de ce traité et parvint à la faire publier avant même d'être remis en liberté (1543).

Quelle tragique et grandiose condition que celle de notre écrivain ! Accusé du crime d'hé-

(1) Ce traité est ainsi nommé parce que Cicéron l'a écrit dans une maison de campagne qu'il possédait à Tusculum (aujourd'hui Frascati).

résie, qui, d'ordinaire, menait au bûcher, il conserve dans son cachot une stoïque tranquillité et applique les forces de son esprit à fixer dans notre langue des spéculations sur le mépris de la douleur et de la mort. Tel est, en effet, le sujet des *Tusculanes*.

Dans le premier livre, Cicéron affirme que la mort n'est pas un mal, qu'elle nous fait passer à une vie meilleure et nous rend immortels : dans la succession des temps, tous les hommes l'ont admis et la raison l'assure. L'homme vertueux n'a donc rien à redouter de la perte de la vie.

Au deuxième livre, le philosophe examine les doctrines sur la douleur et scrute sa nature. La raison la tient pour une chose amère et ennemie, mais proclame aussi que l'homme peut et doit la supporter, s'il aime la vertu. Le mal n'est que dans la bassesse des sentiments.

Le troisième chapitre montre comment la raison combat la douleur, redresse les dispositions d'une âme chancelante, et crée le vrai bonheur qui est la sérénité intérieure.

Dolet s'arrêta là, négligeant les deux derniers livres qui offrent moins d'importance et ont pour objet les passions et la vertu.

La valeur de cette traduction est supérieure à celle des lettres familières. Le style, quoique prolixe, est plus vivant, et l'expression généralement plus sincère. Quant au sens, il est rigoureusement saisi. Dolet ne présente pas seulement avec exactitude la pensée de Cicéron, il l'exprime avec amour; on sent qu'il épouse toutes les idées, tous les développements d'un auteur qu'il admire.

Nous prenons dans la traduction un court passage que l'humaniste a médité sans doute plus d'une fois : la justice éternelle succède à la fausse justice des hommes.

« Mais s'il est vray ce qu'on dit, que la mort n'est qu'un départ pour aller aux lieux où ceux habitent qui sont partis de ceste vie, c'est une chose pleine de grand heur et félicité, après estre eschappé des mains de ceux qui veulent estre tenus pour juges, de venir devant ceulx qu'on appelle juges vrais et équitables (comme sont Minos, Rhadamante, Eaque, Triptolème) et là parler à ceulx qui ont vécu justement et avec foi. Ceste pérégrination et voyage nous doit sembler quelque peu fascheux pour le départ de ceste vie humaine. Mais comment estimez-vous estre grand cas et grand bien de pouvoir parler et deviser avec Orphée, Musæus,

Homère, Hésiode. Quant à moi, je serois content de mourir souvent, s'il se pouvoit faire, afin de trouver les choses que je dis. Quel plaisir et délectation aurois-je quand je parlerois avec Palamède, avec Ajax, et avec aultres, qui ont esté circonvenus et opprimés par le iugement des iniques !... (1) »

L'AXIOCHUS ET L'HIPPARCHUS

Ces deux traductions, réunies aux épîtres intitulées *Le second Enfer*, constituent le dernier ouvrage de Dolet (1544). Après cette publication, il fut arrêté, laissé deux années en prison et enfin brûlé.

L'Axiochus est un dialogue entre Socrate et deux de ses disciples, Axiochus et Clinias. Le maître expose des arguments en faveur de l'immortalité de l'âme et parvient à dissiper

---

(1 Texte de Cicéron : « Sin vera sunt, quæ dicuntur, migrationem esse mortem, in eas oras, quas, qui e vita excesserunt, incolunt : id multo jam beatius est, te, quum ab iis, qui se judicum numero haberi velint, evaseris, ad eos venire, qui vere judices appellentur, Minoem, Rhadamanthum, Æacum, Triptolemum ; convenireque eos, qui juste, et cum fide vixerint. Hæc peregrinatio mediocris vobis videri potest ? Ut vero colloqui cum Orpheo, Musæo, Homero, Hesiodo liceat, quanti tandem æstimatis ! Equidem sæpe emori, si fieri posset, vellem, ut ea, quæ dico, mihi liceret invenire. Quanta delectatione autem afficerer, quum Palamedem, quum Ajacem, quum alios, judicio iniquo circumventos, convenirem ?... »

les doutes de ses interlocuteurs. Sa conclusion est un acte de foi : la mort nous délivre des misères de l'existence et donne la suprême récompense à la vertu.

Dans le second traité, Socrate et Hipparchus dissertent sur la cupidité. L'homme désire la fortune et s'épuise dans cette conquête. Le sage reconnaît que la vraie richesse n'est autre chose que la vertu.

Dolet traduisit ces deux dialogues en croyant, avec tout son siècle d'ailleurs, qu'ils étaient de Platon. Dans la lettre-préface, adressée à François Ier, il annonçait même l'intention de donner en français toute l'œuvre du grand philosophe grec, qu'il qualifie de « divin et supernaturel » : beau projet qu'une mort prématurée devait empêcher.

L'Axiochus et l'Hipparchus, que l'on attribue aujourd'hui soit à Eschine, soit à Xénocrate, n'ont pas, en tant que raisonnement philosophique, une très forte consistance. Le développement est élégant, mais peu profond ; on l'applaudit comme un jeu de rhétorique délicate.

La traduction de Dolet, très exacte pour le sens, n'a pas assez conservé l'allure légère du texte original. Il y a dans le style une sorte de négligence et de flottement qui révèlent une hâte nerveuse dans le travail de traduction. L'humaniste n'eut pas le loisir de polir cet ouvrage qu'il livra précipitamment à l'impression. Le fond de ces dialogues lui importait beaucoup plus que la forme. Il s'agissait, en effet, dans le grand danger qui menaçait l'auteur à son retour du Piémont, de donner un gage de ses opinions spiritualistes, plutôt que d'étendre sa renommée littéraire.

Quelle que soit la valeur de ces deux traductions, l'une, au moins, méritera longtemps d'être lue, parce qu'elle renferme, par une triste ironie du sort, le fameux membre de phrase (*après la mort..... tu ne seras rien du tout*) que les théologiens interprétèrent faussement et qu'ils déclarèrent blasphématoire.

Voici une page destinée à faire juger du style du traducteur et à mettre en même temps en évidence les doctrines contenues dans l'Axiochus.

Socrate : « L'ignorance qui est en toi, ô Axiochus, fait que ta conclusion est mauvaise et impertinente. Car avec privation de sentiment, tu te réserves sentiment. Par laquelle conclusion, tu fais et dis des choses à toi contraires : n'ayant égard aucunement à telle contrariété. Qu'ainsi soit, premièrement tu gémis de ce que par la mort tu seras privé de tout sentiment : et puis tu te proposes une douleur future, pour ce qu'après ton trépas tu tomberas en pourriture, et que tu perdras tout plaisir et réjouissance de la vie mondaine : comme si par la mort tu passois en une aultre vie, et que par icelle mort tu n'étois réduit en une telle abolition de sentiment que tu n'étois avant que tu fusses né. Car comme quand Dracon et Clisthène gouvernoient jadis la République, tu n'étois en peine de rien (et aussi n'étois-tu encore venu sur terre pour recevoir quelque accident ou fascherie), semblablement il t'en prendra ainsi après la mort. *Car il est certain que tu ne seras rien quant au corps :* et par ainsi il ne pourra advenir que tu aies aucun sentiment de douleur. Pourquoi donc ne reconnois-tu ta sottise, pensant en toi que depuis la séparation du corps et de l'âme est faite, et que depuis que l'esprit est retourné en son lieu propre *qui est le ciel*, ce corps terrien, qui demeure en terre sans capacité de raison, n'est plus homme par après. Bref, tu dois toujours avoir devant les yeux ceste résolution, que l'homme consiste de l'âme et que c'est ung animal *immortel* enclos dedans ung tabernacle *mortel* ».

La traduction de l'Axiochus et de l'Hipparchus n'implique pas nécessairement que Dolet ait possédé la langue grecque. Il existait, en effet, des adaptations latines de ces dialogues.

L'helléniste, Bernard de la Monnoye (1) pense que notre écrivain ne savait pas le grec, mais ne donne aucune preuve à l'appui de de cette assertion. Née de la Rochelle soutient le contraire. La question est, en somme, sans grande importance. Il est certain que Dolet avait étudié la langue grecque et en connaissait au moins les éléments. Mais s'il eût vraiment possédé à fond cet idiome, il n'aurait pas manqué, avec son naturel peu modeste, de s'en glorifier bien haut dans quelques-uns de ses écrits. Nous savons d'ailleurs que pour la traduction d'un court traité de saint-Athanase (2), il se servit du texte latin ; le titre le mentionne très sincèrement : Opuscule de Sainct-Athanase sur les Psalmes de David... premièrement traduict de grec en latin par Po-

---

(1) Remarques sur les jugements des savants, t. I. Bernard de la Monnoye (1641-1728) a laissé de nombreux ouvrages dont un seul a survécu, *les Noëls Bourguignons*, avec la fameuse chanson sur M. de la Palisse.

(2) Ce traité est imprimé à la suite des *Psaumes du royal prophète David*. Lyon. Dolet, 1542.

litien, *et de latin en françoys par Estienne Dolet* ».

Il est à noter cependant qu'il imprima des livres contenant des chapitres en grec. Il publia notamment les distiques de Caton en latin et en grec; le texte correct de cette seconde partie de l'ouvrage peut laisser croire qu'il était versé dans la langue d'Homère et de Platon.

IX

LE POÈTE FRANÇAIS

LE SECOND ENFER

En janvier 1544, Dolet fut arrêté. Nous savons qu'il était accusé d'avoir envoyé à Paris deux ballots de livres prohibés. Mais il réussit à s'évader et passa en Italie, où il demeura quelques mois. Pendant cet exil, il écrivit sa défense, puis vint secrètement à Lyon pour la faire imprimer, sous le titre de *Second Enfer*. Le mot *enfer* est emprunté à Marot qui s'en est servi pour qualifier un de ses emprisonnements. Dolet emploie ce terme dans le même sens, réservant, dit-il, le titre de *Premier En-*

fer à un mémoire qu'il projetait sur son procès de 1542 (1).

Ce recueil contient douze épîtres en vers français, successivement adressées au roi, au duc d'Orléans, au cardinal de Lorraine, à la duchesse d'Etampes, au Parlement de Paris, aux magistrats de Lyon, à la reine de Navarre, au cardinal de Tournon et aux amis de l'auteur.

Dolet présente habilement sa cause. Tour à tour, avec un art très souple, il supplie, attaque, s'indigne, s'humilie, adjure, raille et puis se soumet aux coups du sort. Il veut à la fois mettre son innocence en lumière et donner aux destinataires de ses épîtres, François Ier et les grands du royaume, une nouvelle preuve de ses talents littéraires.

Il conte ses tribulations, démasque l'acharnement hypocrite de ses ennemis qui complotent non seulement de le ruiner, mais de le faire mettre à mort.

N'arrêtera-t-on pas, s'écrie-t-il, leurs abominables complots? Laissera-t-on persécuter un homme dont l'existence est doublement précieuse? Il s'agit de la vie d'un innocent et

---

(1) Lettre-préface du *Second Enfer*, adressée « à ses meilleurs et principaux amis. »

cet innocent est un écrivain dont les travaux font honneur à son pays. L'indignation, le danger pressant, le sentiment de ses malheurs immérités lui inspirent un émouvant plaidoyer. Son langage est plus sobre et vivant qu'il ne l'a jamais été, et sa simplicité touche en plusieurs endroits au pathétique. Il y a dans le *Second Enfer* un accent de sincérité et parfois de grandeur résignée qui en rend la lecture très attachante.

Dans la première épître, dédiée au roi, Dolet s'efforce d'établir son innocence, en insistant sur le peu de fondement de l'accusation dont on prétendait l'accabler. Comment, dit-il, soutenir sans absurdité qu'il ait pu commettre la folie d'expédier sous son véritable nom des livres censurés? Pourquoi eût-il négligé les précautions qu'exigeait un acte si téméraire en lui-même et si redoutable dans ses conséquences? Le criminel n'a pas l'imprudence stupide de signer son crime.

Il conte plaisamment le subterfuge dont il usa pour s'évader de la prison de la Rouane; il assure que l'on s'acharne à le perdre parce que certains ne lui pardonnent pas d'avoir imprimé la Bible en langue française.

« Mais quelcques gens ne sont poin' à leur aise
De ce que vends, et imprime sans craincte
Livres plusieurs de l'Escripture saincte.
Voyla le mal dont si fort ils se deulent :
Voyla pourquoy ung si grand mal me veulent.
Voylà pourquoy je leurs suis odieux :
Voilà pourquoy ont juré leurs grands dieux
Que j'en mourray, si de propos ne change ».

Sans essayer de nier ce prétendu délit, il promet au roi, si on lui accorde sa grâce, de ne plus rien imprimer concernant les livres sacrés.

« Car s'il te plaist me défendre tout court,
Que vu le bruit, que partout de moy court,
Je n'aye plus à livres imprimer
De l'Escripture : on me puisse opprimer,
Si de ma vie il en sort ung de moy.
Et si j'en vends, tomber puisse en esmoy
De mort vilaine, ou de flamme ou de corde,
Et de bon cœur à cela je m'accorde ».

Cette promesse, il la renouvelle en termes aussi formels dans l'épître suivante au Parlement de Paris :

« C'est seulement que je me suis addonné
(Sans mal penser) depuis ung temps certain,
De mettre en vente en François et Latin
Quelcques livres de la saincte Escripture.
Voyla mon mal, voyla ma forfaicture,

> Si forfaicture on la doibt appeler.
> Mais si au Roy il plaist me rappeler,
> Et faire tant, que ce malheur me sorte,
> Je suys content et que le Diable m'emporte,
> Ou qu'on me brusle, ou qu'on me fasse pendre,
> Si pour tel cas jamais tombe en esclandre.
> La grâce à Dieu, j'ai prou d'aultres moyens
> Pour m'enrichir et amasser des biens ».

Dans la lettre aux magistrats de Lyon, il réitère une troisième fois cette même protestation, laissant alors entendre qu'il ne touchera plus à la Bible pour éviter uniquement de nouveaux déboires.

> Car en prison, plus qu'assez j'ai été.
> .... Je dis en cet endroit
> Que trop rude est.........

Mais il ne faudrait pas croire que Dolet s'exprime constamment sur ce ton respectueux et soumis. Il y a telles apostrophes qui marquent une singulière audace. Sous la louange, n'y a-t-il pas pour le roi comme un reproche et même une sorte de mise en demeure, dans les vers suivants?

Permettras-tu que par gens vicieux,
Par leur effort lâche et pernicieux,
Les gens de bien et les gens de sçavoir,
Au lieu d'honneur, viennent à recebvoir
Maulx infinis, et oultrages énormes?

> Il n'est pas temps, ores, que tu t'endormes,
> Roy nonpareil, des vertueux le père :
> Entends-tu point, au vray, quel vitupère
> Ces ennemys de vertu te pourchassent,
> Quand les sçavants de ton royaume ils chassent?
> Ou les chasser à tout le moins prétendent?

Et il ajoute une remarque, presque une plainte, qui n'est pas loin de ressembler à un outrage, car elle peut signifier que l'indifférence ou l'incapacité du roi laisse tout oser aux méchants :

> Certes (grand Roy) ces malheureux entendent
> D'annihiler devant ta propre face
> Et toy vivant, la bienheureuse race
> Des vertueux, des lettres et lettrés !

Pour se rappeler au souvenir du cardinal de Tournon, ministre de François I*er*, il évoque le jour où le prélat voulut bien présenter au roi un exemplaire des *Commentaires de la langue latine*, et prononcer l'éloge de l'auteur. Puis, en vue de gagner la bienveillance de cet homme d'Eglise, il fait une profession de foi pleine d'énergie :

> Que j'ai vescu jusqu'icy et vivrai
> Comme chrestien, catholique et fidèle.
> ....
> Fauteur ne suis d'hérésie ou erreur :

> Livres maulvais j'ay en haine et horreur,
> Et ne vouldrois ou vendre, ou imprimer
> Ung seul feuillet pour la foy déprimer
> Antique et bonne, ou pour estre inventeur
> De sens pervers, et contre Dieu menteur.

En terminant, il demande au cardinal d'intercéder auprès du roi, afin qu'il ne soit point banni de France.

L'épître au cardinal de Lorraine (1) montre la suffisance ingénue de Dolet qui se considérait si bien comme un écrivain impérissable, qu'il promet naïvement à un des plus illustres prélats du royaume de le préserver de l'oubli en le nommant dans ses œuvres. Il l'entraînera ainsi dans le sillon de sa gloire.

> N'épargne donc (Prince très débonnaire)
> N'épargne point ta faveur envers moy
> Pour me tirer hors de peine et d'esmoy.
> Si tu le fais, toujours de plus en plus,
> Je tascheroi que tu ne soys forclus
> Du los divin de la Postérité,
> Et que ton nom ait immortalité.

Dans la supplique à la duchesse d'Etampes (2), nous ne relevons rien de particulier, sauf une expression curieuse. Dieu y est appelé :

---

(1) Frère cadet du premier duc de Guise.
(2) Anne de Pisseleu, duchesse d'Etampes, maîtresse de François Ier.

> Le tout bon, le Président des cieux !

La lettre au Parlement de Paris est un appel à l'équité des membres de cette cour. Nous y relevons ce cri de résignation :

> Quand on m'aura ou bruslé ou pendu,
> Mis sur la roue, et en cartiers fendu,
> Qu'en sera-t-il ? Ce sera ung corps mort.

Cependant la vie humaine mérite d'être respectée :

> Ung homme est-il de valeur si petite ?
> Est-ce une mouche ? ou ung verms qui mérite,
> Sans nul esgard, si tost estre destruit ?
> Ung homme est-il si tost faict et instruit,
> Si tost muny de science et vertu
> Pour estre, ainsi qu'une paille ou fétu,
> Annihilé ?.........

C'est dans la dernière épître que Dolet tient le langage le plus mâle. Il apaise les alarmes de ses amis et les assure que son courage brave l'adversité :

> C'est assez que l'esprit s'asseure
> Et qu'il ne perd point sa constance.
> ....
> O que fortune est imbecille
> O comme Vertu la mutille
> Quand elle prend le frein aux dents !
> ....
> Ne plaignez doncq mes accidents,
> Amys : doulcement je les porte

> Et me ris de ces incidents.
> Car Vertu toujours me conforte
> Tant, que j'espère faire en sorte
> Que Fortune à moy attachée,
> La première en sera faschée.

Le Second Enfer (1) contribue surtout à nous faire discerner les sentiments qui agitaient Dolet à une heure très grave de son existence. Il écrivit les épîtres au cours de profondes angoisses, après avoir abandonné en toute hâte sa famille, son pays et ses affaires. L'éloquence et la sincérité de ses cris étaient sa dernière ressource, et il avait tout à craindre, si le roi ne les entendait pas. Cet ouvrage restera donc comme un précieux document sur la vie morale de l'auteur.

On pourrait sans doute trouver à redire sur la valeur poétique du *Second Enfer* (2), mais le fond l'emporte ici sur la forme. Si l'on ne découvre pas un grand poète, il est beau cependant de voir un malheureux fugitif donner le spectacle d'un esprit qui reste maître de lui-même et domine le malheur. Un tel exemple vaut peut-être de grands vers tragiques.

(1) A été réimprimé en 1830 à Paris et en 1868 à Bruxelles.
(2) Le *Second Enfer* n'est pas le seul ouvrage en vers français qu'ait composé Dolet; nous en avons examiné un autre l'*Avant-naissance de Claude Dolet*. Voir : VI, *Le Moraliste*, p. 164 à 174.

X

LE DERNIER CHANT

Le Parlement de Paris, avant de condamner Dolet, le retint deux ans prisonnier à la Conciergerie. On ne saurait s'étonner que pendant sa détention, l'auteur ait renoncé à ses travaux littéraires, pour se consacrer tout entier à sa défense. Mais, lorsqu'il eût perdu l'espoir d'un heureux dénouement du procès, il écrivit un poème : « *Cantique sur sa désolation et sa consolation* ». C'est là son œuvre dernière et comme une sorte de testament moral.

Jamais peut-être il n'a été aussi bien inspiré que dans cette pièce dont les vers sont touchants de simplicité et de noblesse.

Dolet se voit abandonné des hommes et prévoit sa triste fin. Il gémit dans sa chair, mais se console dans son âme, et s'il désespère des hommes, il espère en Dieu. La mort s'approche et il se prépare à l'accueillir avec la fermeté d'un philosophe et aussi d'un *croyant*.

Ce cantique peut être rapproché d'une importante et longue pièce de Clément Marot: *La déploration de messire Florimond Robertet*. L'idée est la même; Marot la résume ainsi :

> L'âme est d'en hault; et le corps inutile
> N'est aultre cas qu'une basse prison.

Pour une fois au moins, les vers de Dolet égalent ceux de Marot, s'ils ne les dépassent. Si on compare les deux chants, on trouvera peut-être que celui de l'humaniste a plus de vraie grandeur, et, en tout cas, une plus haute signification, puisque notre écrivain chante sa propre infortune. Ses accents nous paraissent si sincères et si émouvants que nous reproduisons la majeure partie du poème (1).

---

(1) Le cantique comprend 104 vers; nous en donnons 72. Il a été publié pour la première fois en 1779, par Née de la Rochelle, d'après une copie manuscrite, et a été réimprimé en dernier lieu, de nos jours, par M. Herluison, éditeur à Orléans.

Cantique d'Estienne Dolet, prisonnier à la Conciergerie de Paris, l'an 1546, sur sa désolation et sur sa consolation.

Si au besoing le monde m'abandonne,
Et si de Dieu la volonté n'ordonne
Que liberté encores on me donne
    Selon mon vœuil ;

Dois-je en mon cœur pour cela mener dueil
Et de regrets faire amas et recueil ?
Non, pour certain, mais au ciel lever l'œil
    Sans aultre esgard.

Sus donc, esprit, laissez la chair à part,
Et devers Dieu qui tout bien nous despart
Retirez-vous, comme à vostre rempart,
    Vostre fortresse.

Ne permectez que la chair soit maistresse
Et que sans fin de regrets vous dresse
Se complaignant de son mal et destresse
    De son affaire.

. . . .

A jeune corps grand regret il advient,
Quand en prison demeurer luy convient ;
Et jour et nuit, des playsirs lui soubvient
    Du temps passé.

Pour ung mondain, le tout bien compassé,
C'est un grand dueil de se voir deschassé
D'honneurs et biens, pour ung voirre cassé,
    Ains sans forfaict.

A ung bon cœur certes grand mal il faict
D'estre captif sans rien avoir mesfaict ;
Et pour cela bien soubvent en effect
    Il entre en rage.

Grand'douleur sent un vertueux courage
(Et fut-ce bien du monde le plus sage)
Quand il se voit forclus du doulx usage
    De sa famille.

Voyla les griefs de ce corps imbécile,
Et les regrets de ceste chair débile ;
Le tout fondé sur complaincte inutile,
    Plaincte frivole.

Mais vous, esprit, qui scavez la parolle
De l'Eternel, ne suivez la chair folle ;
Et en Celuy qui tant bien nous consolle,
    Soit vostre espoir.

Si sur la chair les mondains ont pouvoir,
Sur vous, esprit, rien ne peuvent avoir ;
L'œil, l'œil au ciel, faictes vostre debvoir
    De là entendre.

Soit tost ou tard, ce corps deviendra cendre ;
Car à nature il fault son tribut rendre,
Et de cela nul ne se peult deffendre :
    Il fault mourir.

Quant à la chair, il luy convient pourrir ;
Et quant à vous, vous ne pouvez périr ;
Mais avecq Dieu tousjours debvez fleurir
    Par sa bonté.

Or dictes doncq, faictes sa volonté :
Sa volonté est que (ce corps dompté)
Laissant la chair, soïez au ciel monté
    Et jour et nuict.

Au ciel monté, c'est que preniez déduict
Aux mandements du Seigneur qui conduict
Touts bons esprits, et à bien les réduict,
    S'ils sont pervers.

. . . .

Il n'est nul mal que l'esprit ne confonde,
Si patience en luy est bien profonde.
    Bien et soulas.

. . . .

De patience ung bon cœur jouyssant,
Dessoubs le mal jamais n'est fléchissant ;
Se désolant ou en rien gémissant
    Tousjours vaincqueur.

Sus, mon esprit, montrez-vous de tel cœur ;
Vostre asseurance au besoing soit congnue :
Tout gentil cœur, tout constant belliqueur,
Jusqu'à la mort sa force a maintenue.

Dolet regarde le destin sans être anxieux ou troublé, et meurt dans la plus belle des attitudes. En attendant le bourreau, il écoute son cœur et se souvient d'être poète.

XI

OUVRAGES DIVERS

Ayant apprécié les principaux ouvrages de Dolet (1) nous croyons pouvoir négliger, sans injustice pour sa mémoire, quelques travaux dont les uns nous ont paru peu importants (2), et les autres d'authenticité très douteuse (3).

(1) Pour les chercheurs qui auraient le désir de se faire une opinion personnelle, nous croyons devoir dire que l'œuvre totale d'Etienne Dolet est disséminée dans les bibliothèques de Paris (Nationale et Mazarine), Londres (British Museum), Lyon, Dôle, Bordeaux, Roanne, Orléans, Dijon, Vienne, Berlin, et dans des collections privées.

(2) Par exemple : ses remarques et explications sur les distiques de Caton (1538); ses notes de grammaire sur les épîtres familières de Cicéron (1540); une traduction d'un opuscule de Saint-Athanase (1542), etc.

(3) Par exemple : une traduction des psaumes de David (1542); des explications sur les épîtres et évangiles (1542), etc.

Nous mentionnerons seulement deux traités, le *De imitatione Ciceroniana adversus Floridum Sabinum* (1540) et le *De officio legati* (1541). Le premier n'est guère qu'une répétition du *De imitatione Ciceroniana adversus Erasmum...* Floridus Sabinus, secrétaire du prince de Carpi et humaniste distingué, ayant pris la défense d'Erasme, attaqua violemment Dolet dans un ouvrage de critique littéraire (1). Il lui déniait tout talent, le chargeait de vices et l'*accusait de plagiat et d'athéisme*. Dolet ne manqua pas de riposter : il réédita les arguments dont il s'était servi contre Erasme, accabla Sabinus de sarcasmes furieux et lui renvoya l'accusation de plagiat (2).

Le *De officio legati* se compose de trois chapitres : le premier a trait aux fonctions des ambassadeurs, le second aux immunités dont ils bénéficient. La troisième partie est un poème en vers latins hexamètres, à propos des missions diplomatiques de Jean de Langeac, évêque de Limoges, qui avait emmené l'auteur à Venise, en qualité de secrétaire.

---

(1) *Horæ succisivæ*. Bâle, 1539.

(2) Il affirme que Sabinus a publié sous son nom un ouvrage dérobé à son maître, le prince de Carpi, et portant ce titre : *De Julii Cæsaris præstantia libri tres*. Bâle, 1540.

Floridus Sabinus n'était pas seul à traiter Dolet de plagiaire. Des ennemis anonymes avaient répandu le bruit qu'à la mort de Simon de Villeneuve, dont il suivit les cours à Padoue, Dolet s'était approprié un manuscrit du savant professeur et qu'il y avait puisé une partie de la matière des *Commentaires de la langue latine?*

Que faut-il en croire?

Aucune preuve n'a jamais été fournie à l'appui de cette grave accusation. Villeneuve était très connu et les érudits de son époque suivaient ses travaux avec attention. Comment un de ses élèves aurait-il pu s'emparer de papiers ayant quelque importance, sans éveiller sur l'heure aucun soupçon? Si au décès du professeur (1530), un doute était né à ce sujet, le monde des humanistes se fut ému. Or, c'est seulement plusieurs années après la mort de Villeneuve que l'on commença à colporter ce bruit fâcheux. Avant d'arriver à Padoue, Dolet avait déjà esquissé le plan des *Commentaires latins;* il est probable qu'il mit son maître au courant de cette entreprise et qu'il sollicita des conseils oraux ou écrits. Il y a tout lieu de croire que si leur collaboration ne s'était bornée là, notre humaniste n'eût point mis près de dix ans à écrire les *Commentaires*; alors qu'il brûlait de s'imposer sans délai à l'attention publique. Il faut donc, selon nous, lui laisser en entier le mérite d'une œuvre dont la composition exigeait une aptitude au travail et des connaissances spéciales que Dolet possédait parfaitement.

On a prétendu encore qu'un chapitre important du second tome des *Commentaires*, relatif à l'art naval, *De re navali*, présentait de nombreux points de ressemblance avec le *De re navali* de Lazare Baïf. Ici, la calomnie est facile à établir. Le silence du principal intéressé suffirait à en faire justice. En effet, Baïf, qui était l'ami de Dolet, ne lui adressa jamais aucun reproche à cet égard (1). De plus, le deuxième volume des *Commentaires* n'était pas imprimé, mais entièrement écrit, lorsque parut le traité de Lazare Baïf (vers octobre 1536). Enfin, une comparaison même superficielle des deux ouvrages écarte les derniers doutes. Les deux auteurs ont étudié la même question, mais leur style, leur méthode et leurs explications sont dissemblables.

Ce fut un membre de la célèbre famille des

---

(1) Ce fut au contraire Dolet qui lui envoya une lettre d'explication; elle est insérée en tête du *De re navali*. Lyon, 1537.

Estienne, Charles Estienne, d'abord médecin, puis homme de lettres et imprimeur, qui affirma le premier, sans apporter aucun argument et avec une insigne mauvaise foi, que Dolet avait imité Baïf. Cet imprimeur avait, du reste, un naturel détestable. « Il était d'un caractère si jaloux, si irascible, que, s'étant aliéné tous ses confrères et ses ingrats neveux, il resta sans appui quand ses dettes le firent enfermer au Châtelet de Paris (1) ».

L'attaque fut reprise par quelques adversaires de Dolet : parmi eux, nous avons déjà nommé Floridus Sabinus. Il serait puéril d'accorder de l'importance et de s'attarder à d'aigres propos de polémique, où le parti pris est manifeste.

Bons ou médiocres, les ouvrages qu'a signés Dolet sont bien son œuvre.

(1) Werdet, *Histoire du livre en France*. 1, p. 235.

TROISIÈME PARTIE

Caractère et Croyances

I

SON CARACTÈRE

Nous n'avons sur l'aspect physique de Dolet que des renseignements peu précis, et encore on ne doit en faire état qu'avec beaucoup de réserve, car ils sont fournis par des adversaires de l'écrivain. L'un d'entre eux, nommé Odonus, le dépeint en termes peu flatteurs dans une lettre (1) datée du mois d'octobre 1535, adressée à Gilbert Cousin, secrétaire d'Erasme. Il représente Dolet comme vieux avant l'âge et lui attribue quarante ans au lieu de vingt-sept. Il dit que sa tête est à demi-chauve, son visage blafard, et remarque avec dédain qu'il porte

(1) Insérée dans les *Opera G. Cognati*, Bâle, 1562, t. I, p. 313.

une courte veste espagnole, usagée, étriquée et faite de drap grossier.

Hubert Susanneau, docteur en droit et en médecine, de plus poète latin, trace de Dolet un portrait peu aimable : visage jaune et maigre, yeux farouches, taille haute mais voûtée (1).

Ces détails sont sujets à caution : il est permis de croire que l'animosité les a dictés. En effet, Odonus était admirateur passionné d'Erasme que notre humaniste avait si rudement attaqué. Quant à Susanneau, après avoir été très lié avec Dolet, il se brouilla avec lui et se mit à le dénigrer.

D'autre part, et ceci augmente l'incertitude, deux autres écrivains, Jean Voulté et Claude Cottereau, ont loué dans leurs vers les avantages extérieurs de Dolet.

De ces indications contradictoires on peut conclure qu'il fut de bonne heure usé et vieilli par l'excès de travail et qu'il n'accorda aucune attention aux recherches du vêtement. Une gravure sur bois (2) de 1573 le représente l'air chagrin et las, les yeux battus, les joues creu-

---

(1) *Ludorum libri*. Lyon, 1538.
(2) *Prosopographie*. Duverdier, Lyon, 1573.

sées ; le front est très découvert et sur la poitrine flotte une grand barbe.

Mais l'aspect physique n'a qu'un intérêt secondaire et c'est la figure morale qu'il importe de fixer. Les documents sont assez nombreux et permettent d'apprécier avec de grandes chances de vérité le caractère de l'humaniste.

Le lettré domina presque toujours l'homme chez Dolet. Ebloui par les richesses de l'antiquité gréco-latine, il s'absorba éperdûment dans l'étude des anciens. Il fut l'érudit passionné que dépeint Montaigne « sortant après minuit d'une étude, bien décidé à y mourir, ou bien à apprendre à la postérité la mesure des vers de Plaute et la vraie orthographe d'un mot latin ».

Il est vrai qu'à la fin du xv⁵ et au commencement du xvi⁵ siècles, le monde savant eut un goût fiévreux pour les lettres antiques. Sous François I⁵, l'exemple venait de haut : Marguerite d'Angoulême, reine de Navarre, savait le latin, le grec et apprenait l'hébreu, ce qui, par miracle, ne l'empêchait pas d'être une des plus aimables femmes de son temps. Le docte Budé, pour marquer sa passion studieuse, disait qu'il était doublement époux, à la fois mari de sa femme et de la philologie (1).

Après les stériles escrimes de la théologie et de la logique scolastiques, la beauté de la science classique enchantait les meilleurs esprits. Dolet eut pour elle un culte, une sorte de superstition. Avec l'espoir d'immortaliser son nom, il fit une prise d'habit dans les lettres et fut un travailleur acharné. Dans sa correspondance, il dit qu'il est accablé, qu'il n'a pas le temps de sortir de sa demeure et qu'il se prive de toute distraction. L'étendue de son œuvre montre bien qu'il n'exagérait pas et que son labeur dut être incessant. Dans une brève carrière, interrompue à trente-sept ans, traversée de querelles, de longs emprisonnements, avec le souci continuel de pourvoir à son existence et à celle de sa famille, il a composé environ vingt ouvrages.

Il trouvait un double attrait à la culture des lettres : il la considérait comme le plus noble exercice de l'esprit et aussi comme le moyen de parvenir à la célébrité.

Il dédaigna la richesse, mais fut avide de

(1) Dans une lettre du 24 janvier 1534, adressée à Dolet, Budé dit encore « que la philologie est sa compagne, son amie, sa maîtresse et qu'il a pour elle un amour dévorant » !

gloire. Il s'enferme dans son cabinet et consume la plus grande partie de ses nuits, penché sur des livres et des manuscrits; mais, après le silence de l'étude, il aime le bruit des acclamations. Il écrit par vocation, mais il est très attentif au succès de ses livres.

Il eut, d'ailleurs, une très haute opinion de ses talents et ne douta point que la postérité ne ratifiât les louanges excessives que lui décernaient de trop zélés admirateurs, tels que Voulté qui, dans une lettre au cardinal de Lorraine, parle ainsi de l'humaniste : « Il est l'honneur de notre siècle et sera la gloire éternelle de la France (1) ».

Dolet, surtout dans ses préfaces, répète fréquemment et avec beaucoup de naïveté que ses travaux perpétueront sa mémoire et illustreront son pays : « Si j'ai travaillé, dit-il, pour acquérir los et *bruict* dans la langue latine, je ne me veulx efforcer moins à me faire renommer en la mienne maternelle françoyse (2) ». — « Mes trésors sont non pas or ou argent, pierreries et telles choses caducques, et de peu de durée : mais les efforts de mon esprit tant en latin

---

(1) Dédicace des épigrammes latines de Voulté. Lyon, 1537.
(2) Préface de la traduction des Epîtres familières de Cicéron.

qu'en nostre langue françoyse : trésors de trop plus grande conséquence que les richesses terriennes... car ce sont ceulx *qui me feront vivre après ma mort* (1) ».

Il est persuadé que ses commentaires de la langue latine constituent un monument impérissable : « J'étais alors absorbé par mes études littéraires : je leur consacrais tout mon temps, tous mes efforts, avec le désir de donner une œuvre que je pensais devoir être immortelle et glorieuse pour la France... (2) ».

Dans la dédicace du second tome des *Commentaires* (1538), il parle de sa gloire comme d'une chose définitive : « Ceux que ma renommée et ma célébrité littéraire faisaient pâlir de jalousie m'accablaient de malédictions ».

Nous avons vu avec quelle fatuité il promet dans le *Second Enfer* au cardinal de Lorraine de le préserver de l'oubli des siècles en le célébrant dans ses écrits.

Ne dit-il pas encore dans l'épître dédicatoire du dialogue de l'imitation Cicéronienne « qu'il travaille pour l'immortalité » !

S'adressant à François Ier, il invoque ainsi la clémence royale :

(1) Epître préliminaire du *Second Enfer*.
(2) Carminum libri quatuor. II, 1.

> Vivre je veulx pour l'honneur de la France
> Que je prétends (si ma mort on n'avance)
> Tant célébrer, tant orner par escrits,
> Que l'estranger n'aura plus à mépris
> Le nom Françoys...

Dolet fut encouragé dans son penchant à la vanité par les applaudissements qu'il recueillit à ses débuts. Dès ses premiers essais, il fut bruyamment admiré, non seulement par ses collègues, les étudiants, mais encore par de savants professeurs et de notables érudits qui le traitèrent comme un lettré de grand avenir. Le jeune écrivain répondait à tous les éloges en assurant qu'il mûrissait des travaux remarquables.

En dépit de la confiance qu'il eut toujours dans ses forces intellectuelles, il se montra sans cesse inquiet et irritable. Sa susceptibilité constamment en éveil le laissait sans indulgence pour les personnes ou les auteurs qui lui déplaisaient. On peut dire qu'il eut le caractère *hérissé*. Dans la discussion, son verbe devient tout de suite brutal et agressif. Ses traits dépassent le but : au lieu de le toucher, ils tendent à le faire voler en éclats. Le défaut de mesure et de tact semble bien avoir aggravé les tribulations de Dolet. Il a attaqué ou répondu aux attaques avec une vivacité hargneuse et trop souvent il a versé dans l'invective. Ce n'était pas assez pour lui de vaincre ses adversaires et de les réduire au silence, il prétendait encore les accabler.

Nous savons avec quelle violence de langage, il parla des magistrats de la cour de Toulouse, qu'il qualifie de gens ivres et de fous furieux. Citons encore quelques-unes de ses expressions. A propos d'une affaire que l'évêque Jean de Pins avait eu avec les conseillers au Parlement, il s'exprime ainsi : « De Pins a été arraché à la gueule des loups... (1). » Un peu plus loin, il appelle les juges « vulturii togati », des vautours à toge.

Les ressentiments qu'il éprouve sont de vraies fureurs que le temps et la distance ne parviennent guère à adoucir. Ainsi il avait conçu une telle animosité contre les Toulousains que, plusieurs années après son passage dans leur cité, il se répandait encore en propos très amers : « ... Que les Dieux les maudissent, avec toutes les pestes humaines (2) ». Plusieurs épigrammes des *Carmina* sont dirigées

---

(1) « Eripitur e luporum faucibus præda Pinus ». *Orat. duæ in Thol.*, p. 60.

(2) *Commentaires.* I, col. 20.

contre eux. Voici un exemple de l'aménité des imprécations :

Tholosam igne voraci et cinere obruat.
. . . .
Aut æquata solo mersa ve sub noctem Erebi
[cani (1).

Que Toulouse soit consumée par le feu et ensevelie sous la cendre... Que le sol soit rasé ou disparaisse dans les ténèbres de l'Enfer !

La lettre-préface du dialogue de l'imitation cicéronienne révèle une irritabilité qui ne désarme pas : « J'apprends que les furies Toulousaines ne sont pas encore revenues à la santé et trament contre moi des complots scélérats. Si elles ne cessent de me provoquer, elles irriteront un homme calme et auront bien de la peine à supporter ma *morsûre*. La dureté (acerbitas) de mes écrits fera repentir ces imbéciles de leur sottise... ».

Dans sa querelle avec Pierre Pinache, orateur des étudiants aquitains, il se défendit d'abord avec vigueur, mais sans trop d'âpreté ; malheureusement il se laissa bientôt entraîner à publier contre celui-ci deux grossières épigrammes.

(1) *Carminum libri quatuor*, III, 12.

Il en usa de même envers le sénéchal de Languedoc, le sieur de Drusac, et le juge-mage Dampmartin, qui l'avaient fait arrêter. Il les cribla d'épithètes indignes. Par exemple, il se sert du mot « porcus » pour désigner Drusac : « quis porci grunnitus, quis furor, quæ petulantia... (1) » Après son départ de Toulouse, il écrit à son ami Jean de Boyssoné : « On m'informe que Drusac, de jour en jour plus irrité, conjure le Parlement de prendre un arrêt contre moi. C'est une bête féroce, monstrueuse et ignoble... (2) ».

Pour établir ce qu'il y eut d'excessif dans le ton de la polémique de l'humaniste, il suffirait de rappeler la pièce que nous avons traduite dans la première partie de cette étude (page 31). Dolet a prouvé combien il avait la rancune tenace en imprimant de nouveau, à quatre ans de distance, cette malhonnête épigramme, dans les *Carmina* (livre 3, chant 17). Il aggrava même son incivilité en ajoutant cette fois une pièce de vers (3) composée contre Drusac par un auteur anonyme, et qui atteint aux dernières

---

(1) Lettre datée de Lyon, adressée à Jean de Boyssoné et insérée à la suite des *Orat. duæ in Thol.*, p. 126.
(2) *Orat. duæ in Thol.*, p. 121.
(3) *Carminum libri quatuor*, III, 18.

limites de l'incongruité. Nous l'épargnons au lecteur. Il est vrai qu'au xvi⁰ siècle, les gens de bonne compagnie ne reculaient guère devant l'emploi des mots crus; on se servait couramment de termes que l'on rougirait d'introduire aujourd'hui dans le discours. Cette considération est une excuse pour Dolet, mais elle ne saurait le justifier de tous ses écarts de langage. N'est-ce pas une vilenie, ou tout au moins le trait d'un caractère étrangement vindicatif que d'avoir osé écrire dans une épigramme contre Dampmartin, que la femme et la fille de ce magistrat menaient mauvaise vie (1)? A aucune époque, il n'a été permis d'avoir recours à de pareils arguments (2), et l'on conçoit que ceux qu'ils atteignent soient animés d'un ardent désir de représailles.

Nous devons encore blâmer son attitude à l'égard d'Erasme dont il ne respecta ni l'âge, ni le talent. Il ne se borna pas, en effet, à criti-

---

(1) Carmina. III, 22. « In Dampmartin judicem Tholosanum. »

(2) Cependant Virgile, le grand et doux poète, s'est laissé aller encore plus bas dans la polémique. Il répond ainsi, dans les Catalectes, à un certain Lucius qui l'avait calomnié : « Tu penses que je suis abattu... ma colère et ma vieille fureur sont encore bien vivantes; j'ai ma langue pour te servir et te raconter l'infâme commerce que j'ai eu avec ta sœur prostituée ». Mais toutes les pièces des Catalectes sont-elles bien de Virgile ?

quer les œuvres du grand érudit, il ne put se retenir de l'injurier. Sans revenir sur les détails que nous avons déjà donnés, nous croyons utile de transcrire une phrase-type de ses irrévérences : « ... Rien ne me touche moins que les attaques de ce vieillard, à peu près tombé en enfance, de ce bouffon, et je ne crains pas la morsure de ce vieux décrépit (silicernium) » (1). De tels propos, bien qu'ils soient des aménités, si on les compare à ceux que le savant Scaliger tenait à peu près dans le même temps sur Erasme (2), causèrent quelque scandale et un des meilleurs amis de Dolet, Jean de Boyssoné, lui adressa des reproches : « Quant à l'accueil fait ici à votre ouvrage sur l'imitation cicéronienne (d'autres que moi vous ont déjà informé), je dois vous dire que la dureté de votre discours (*vous m'aviez cependant promis de l'atténuer*) a défavorablement impressionné un grand nombre de personnes, et l'on dit que vous n'auriez pas dû attaquer avec autant de violence un vieillard qui honore si hautement les lettres... Je vous demande en grâce de faire tous vos efforts pour

---

(1) Préface du *De imitatione Ciceronia*.
(2) Voir les discours latins de J.-C. Scaliger contre Erasme. Paris, 1531 et 1536.

épargner les *injures* aux hommes bons et pieux » (1). Dolet feint de ne rien entendre à ces remontrances amicales; il répond qu'il est disposé à se défendre avec la dernière vigueur et va publier dans ce dessein « quatre nouveaux discours et deux livres d'iambes »! « Vous me pressez, ajoute-t-il, de ne point offenser les hommes bons et pieux; je ne sais pas ce que vous voulez me signifier et je ne vois rien qui m'aide à le comprendre ».

Boyssoné ne fut pas seul à déplorer les violences de Dolet. Un de ses familiers, Arnaud Ferron, lui écrivit pour se plaindre de ses injustes attaques contre les Aquitains et lui montrer les suites possibles de son intempérance de langage : « Je crains, mon cher ami, lui dit-il, que vous n'alliez trop loin et que, faute de maîtriser votre impétuosité, vous ne soyez victime de votre emportement; enfin, que votre adversaire, blessé ou battu, ne vous nuise et même vous tende des embûches pour attenter à vos jours ». Ne fallait-il pas que l'émotion causée par les harangues prononcées à Toulouse par Dolet fut considérable pour que Ar-

---

(1) Joannis de Boyssoné antecessoris Tolosani et aliorum epistolæ mutuæ. (Manuscrit conservé à la bibliothèque de Toulouse, folio 17).

naud Ferron, jeune homme de dix-huit ans, exprimât de telles craintes?

Comme dernier exemple de la virulence de l'écrivain, relevons les qualificatifs qu'il employa à l'égard des puissants docteurs de Sorbonne, coupables d'avoir tenté de détruire l'imprimerie en France (1) : « Ce sont des misérables, des sophistes et des piliers de cabarets (combibones) » (2). Que cette véhémence est lourde et triviale à côté de la bonne grâce avec laquelle Clément Marot savait ridiculiser ces mêmes docteurs scolastiques :

Ils nourrissaient leurs grands troupeaux de songes,
D'ergo, d'utrum, de quare, de mensonges.
. . . .

Certain jour, Dolet reconnut lui-même qu'il n'avait peut-être pas assez réprimé ses empor-

---

(1) Le Parlement empêcha la réussite de ce projet. François Ier, sur la demande de la Sorbonne, et *en vue de sauver la foi*, signa le 13 janvier 1535, des lettres patentes interdisant, *sous peine de mort*, l'imprimerie qui *faisait pulluler les livres funestes*. Le Parlement refusa d'enregistrer l'édit. Le 24 février suivant, une transaction fut proposée : sur une liste de 24 personnes présentées par le Parlement, le roi devait choisir 12 censeurs chargés de désigner parmi les livres déjà parus ceux qu'il serait permis de réimprimer. Désormais, aucun ouvrage nouveau ne pouvait paraître. Le Parlement résista encore et l'imprimerie fut sauvée. Voir Registres du Parlement, 76, folio 113 (Archives nationales).

(2) *Commentaires*. I, col. 266.

tements. Dans une lettre à Budé (1), il avoue que parfois il a eu la critique trop acerbe, mais il n'en manifeste aucun repentir. Il plaide, au contraire, son innocence et assure qu'il n'a fait que rendre coup pour coup. Voici la traduction du passage auquel nous faisons allusion : « ... Vous savez bien, et certes, ils le savent aussi ceux qui ont connu ma douceur, que si dans mes écrits, je me suis élevé avec trop de violence contre mes ennemis, c'est que, par des affronts insupportables ils ont échauffé outre mesure mon humeur autrefois pacifique. Il m'est arrivé de me livrer à des emportements *excessifs*, dûs non pas précisément à un esprit trop irritable (que mes adversaires m'attribuent sans raison), mais à une patience surexcitée et mise hors d'elle-même. Aussi qu'ils ne se plaignent pas ces hommes qui ont couvert d'opprobre un innocent, qui l'ont accablé de calomnies scélérates et infâmes, qu'ils ne se plaignent pas, si par la plume et par le discours, mes seules armes dans le malheur, je me suis justement efforcé de tirer vengeance des tourments qu'ils m'ont infligés ».

---

(1) Placée en tête des *Commentaires latins*.

En dépit de ses exagérations, de ses impatiences rageuses devant les obstacles, dues à un amour-propre trop vif et à un désir immodéré d'arriver à la célébrité, Dolet donna l'exemple de hautes qualités qui contribuèrent autant que ses talents à lui concilier l'amitié d'hommes éminents.

D'abord, il fut désintéressé. Il ne porta jamais dans ce qui touchait aux intérêts matériels l'âpreté qu'il déploya dans les discussions littéraires. Après la publication de son grand ouvrage, les *Commentaires latins*, il pouvait faire valoir ses travaux de philologie et ses anciennes fonctions de secrétaire d'ambassadeur pour briguer une charge d'Etat, bien rémunérée. Il comptait alors de nombreux et très puissants amis; les uns, comme Jean de Langeac et Jean de Pins avaient récemment occupé de hauts emplois; d'autres, comme le cardinal de Tournon et Pierre Duchâtel, étaient les conseillers les plus écoutés du roi. Avec les protections dont il était assuré, l'humaniste pouvait être ambitieux et demander beaucoup : il se contenta d'user du crédit de ses amis pour être autorisé pendant dix ans à tenir boutique d'imprimeur.

Dans l'exercice de cette profession, comme

dans celle d'écrivain, il ne sacrifia jamais à la tentation d'amasser une fortune. Son amour pour les lettres était si exclusif et si sincère que tout cédait chez lui au désir de contribuer à leur avancement. Mais son zèle ne se borna pas à servir le progrès intellectuel. Dans une importante question, qui tenait de très près à ses intérêts, il fit preuve d'une rare générosité. Nous savons, en effet, qu'il approuva et soutint, bien que patron et pauvre, les ouvriers imprimeurs lyonnais qui s'étaient coalisés et mis en grève pour obtenir des améliorations professionnelles et notamment un supplément de salaire. Le désintéressement de Dolet dans cette affaire ne fut imité par aucun de ses collègues.

***

Très peu de détails nous ont été transmis sur sa vie sentimentale. Dans une situation précaire, et surtout absorbé par ses études, il semble avoir aisément résisté aux entraînements de la jeunesse. Vers l'âge de vingt ans, il eut une brève idylle, à Venise, avec une jeune fille du nom d'Hélène. La mort dénoua cette liaison au bout de quelques mois. Dolet a consacré à *Eléna* trois pièces de vers latins qui ne font honneur ni à la vivacité de ses regrets ni à son talent de poète.

Il se maria par amour à vingt-neuf ans et fut bientôt père.

Parmi les critiques nombreuses que ses adversaires lui ont adressé de son vivant, nous n'en avons trouvé aucune qui touchât à sa conduite privée. Cependant une accusation d'une nature très délicate, et dont il nous faut parler, tant elle a pris consistance, s'est attachée à la mémoire de Dolet. Bien des gens ne prononcent aujourd'hui son nom qu'en chargeant aussitôt l'écrivain du péché de sodomie. Cette fâcheuse légende s'appuie sur une preuve bien fragile, un vers de Clément Marot. Or, il est à peu près certain que ce vers ne s'applique pas à Dolet.

En 1543, c'est-à-dire très peu de temps avant sa mort, Marot composa *contre l'inique*, sans autre désignation, cette épigramme :

> Fuyez, fuyez (ce conseil je vous donne),
> Fuyez le fol qui à tout mal s'adonne,
> Et dont la mère en mal jour fut enceinte;
> Fuyez l'infâme inhumaine personne
> De qui le nom si mal *cymbale* et sonne
> Qu'abhorré est de toute oreille sainte.
> Fuyez celui qui sans honte ne crainte
> *Conte tout haut son vice hors d'usance,*
> Et en fait gloire et y prend sa plaisance;

Qui s'aymera ne le fréquente donc.
O malheureux de perverse naissance,
Bienheureux est qui fuit sa cognoissance,
Et plus heureux qui ne le cogneut onc!

C'est le huitième vers,

« Conte tout haut son vice hors d'usance »,

qui a suffi à étayer l'accusation. On peut remarquer d'abord que le sens de cette phrase est assez énigmatique. Mais, même en tenant pour assurée la signification particulière que l'on a voulu lui attribuer, comment faire état, sans parti pris, d'une épigramme écrite contre un anonyme l'« *inique?* » Marot ne s'explique pas autrement sur la personne qu'il vise et ne cite aucun nom. De plus, aucun contemporain de l'humaniste n'a pris garde que l'« inique » représentât Dolet. Cinquante-deux ans après la mort de Marot, c'est-à-dire en 1586, un médecin protestant, François Misière, publia à Niort, une édition des œuvres de ce poète, chez le libraire Thomas Portau. Il imagina que l'épigramme « contre l'inique », venant à la suite d'une pièce contre Dolet, pouvait bien le viser encore, mais il n'affirma rien et mit simplement une note ainsi conçue « ET SEMBLE *que le suivant soit encores contre lui (Dolet).* »

Peut-on, en toute bonne foi, accueillir une accusation fondée sur une hypothèse émise par l'obscur commentateur Misière, un demi-siècle après la mort de Marot et de Dolet qu'il n'avait pu connaître? De plus, comment admettre, dans cette opinion, que Marot ait consenti à accorder si longtemps estime et étroite amitié à l'humaniste, s'il était vrai que celui-ci « contât tout haut son vice hors d'usance » ?

Ce reproche, ainsi que nous l'avons observé, n'a, d'ailleurs, été adressé à l'écrivain par aucun de ses ennemis, au moins tant qu'il vécut, et ceux-ci ne se seraient pas gênés, avec l'extrême liberté de langage du temps, pour le reprendre ouvertement à ce sujet. Mais dans la pièce même qui nous occupe, il y a un mot que l'auteur a inventé et qui donne la clef de l'énigme. L' « *inique* », c'est le poète Bonaventure Despériers. Marot et ce dernier avaient été très liés, mais une brouille survint entre eux et c'est contre Despériers, qui passait pour athée à cause de ses dialogues intitulés « *Cymbalum mundi* », que Marot, vers la fin de ses jours devenu chagrin et inclinant vers le protestantisme, publia l'épigramme « contre l'inique ». Ce qui donne une grande force à cette opinion, c'est le mot « *cymbale* » (placé au cinquième vers) que Marot a intentionnellement forgé pour désigner clairement, mais sans le nommer, l'auteur du « *Cymbalum mundi* », « de qui le nom si mal *cymbale* et sonne. » Voici, d'autre part, ce que dit là-dessus un critique impartial, M. Adolphe Chenevière dans son savant ouvrage sur Bonaventure Despériers (1) :

« Marot ne fut pas sans avoir avec son entourage de nombreuses querelles. Sans parler de sa dispute avec Sagon qui fit lever l'un contre l'autre deux camps de poètes, on sait qu'Etienne Dolet eut à s'en plaindre ; on retrouve dans les œuvres de l'un et de l'autre les traces de leurs colères réciproques (2). Despériers lui-même ne conserva pas, croyons-nous, l'amitié de Marot pendant les dernières années de sa vie. Le scandale du *Cymbalum mundi* contribua sans doute à lui aliéner la sympathie de celui qu'il appelait son père ; l'épigramme intitulée « *contre l'inique* » semble viser *directement* l'auteur des trop fameux dialogues ».

Il est naturel de penser qu'au milieu des

---

(1) Bonaventure Despériers. Sa vie. Ses poésies. (Thèse pour le doctorat ès-lettres soutenue en 1885 à la Sorbonne).

(2) Voir le chapitre suivant : « Ses amis ».

agitations de son existence, Dolet fit peu de cas des plaisirs matériels. Le sérieux de son esprit le détournait des divertissements vulgaires. Ses amis nous l'assurent et l'humaniste lui-même nous l'apprend, car il ne dédaigne pas de parler de ses goûts au cours même de ses traités. Ainsi, il nous dit dans les Commentaires latins que la musique le passionne (1), qu'elle est son meilleur délassement et le complément indispensable de ses travaux littéraires. Il nous informe encore qu'il excelle dans l'exercice de la natation et note, pour la *postérité*, l'endroit du Rhône où il avait coutume de se baigner (2).

Ce qui nous intéresse davantage, c'est d'apprendre qu'il aimait l'indépendance comme le premier de tous les biens et qu'il ne comprenait pas l'existence sans la liberté.

« Dis à Zoïle, s'écrie-t-il dans un de ses chants latins, ou à tout autre médisant que je suis homme à varier selon l'heure, et d'humeur assez mobile pour adopter n'importe quel genre de vie. S'il le faut, je suis tour à tour stoïcien et épicurien. *La liberté c'est la vie.* (Libere vivere, vivere est) (3) ».

(1) Commentaires. II, col. 1294.
(2) Commentaires. II, col. 170.
(3) Carminum libri quatuor. I, 4.

Ce cri qui préparait une révolution et devait ébranler bien des choses, n'était pas tout à fait une nouveauté; cependant, il y avait au xvi° siècle quelque honneur et surtout du danger à le proférer. Mais le danger n'effrayait pas Dolet. Un des traits dominants de son caractère fut, en effet, un courage exceptionnel.

Au péril de sa vie, il critiqua les puissants du jour, lorsque leurs décisions lui parurent injustes. C'est ainsi qu'il s'est élevé contre le Parlement, les théologiens et docteurs de Sorbonne, les moines et le grand inquisiteur de la foi.

A Toulouse, il protesta publiquement et avec une véhémence extrême contre un arrêt de la Cour qui supprimait les associations d'étudiants. Seul, de tous les orateurs choisis par les écoliers, il osa blâmer les magistrats et dénoncer leur acte comme un abus d'autorité. Aucune considération de prudence ne modéra sa voix courageuse. Malheureusement, l'orgueil diminue le prix de son audace, lorsqu'il dit : « Nul, avant moi, à Toulouse, n'avait osé parler ainsi (1) ».

Dans le même discours, il ridiculisa les su-

---

(1) Lettre à Jacques Bording, que Dolet a publiée dans les Orat. duæ in Thol., p. 93.

perstitions des Toulousains et déplora avec une noble hardiesse l'affreux supplice du professeur Jean de Caturce, que l'on venait de brûler comme hérétique.

Ce dernier trait impose l'admiration et suffirait seul à tirer Dolet hors du commun. Il possédait, en effet, une haute qualité d'âme celui qui osait s'attaquer aux jugements de l'Inquisition dans un temps

Que le reflet sanglant des bûchers illumine (1).

L'humaniste risquait fort d'être accusé de favoriser les théories de Caturce et de partager sa misérable destinée. Tandis que tous se taisaient par crainte de la potence et du fagot, il parla quand même, apôtre isolé et désintéressé de la tolérance religieuse et de la liberté de conscience.

Il n'hésita pas aussi à publier son sentiment sur un des plus influents fanatiques de l'époque, Noël Béda (2). Ce théologien sectaire avait contribué de tout son pouvoir à la condamnation de l'honnête Louis de Berquin, brûlé vif en 1529. Il fit censurer Erasme, Merlin, Lefebvre d'Etaples, et parvint, tant son crédit

(1) Leconte de Lisle.
(2) Noël Bédier, plus connu sous le nom de Béda, fut nommé syndic de la faculté de théologie en 1520. Il a laissé des ouvrages aussi barbares d'idées que de style.

était considérable, à faire mettre à l'index un recueil : « Le miroir de l'âme pécheresse », composé par Marguerite d'Angoulême, propre sœur du roi ! C'est de cet homme redoutable que Dolet osa parler ainsi : « C'est une bête immonde et pernicieuse... une peste abominable... il sera châtié, un jour, je l'espère, pour ses crimes (1). »

Dans la dernière partie de sa vie, tandis qu'il était en prison et savait ses jours comptés, il conserva une grandeur de caractère qui aurait touché des adversaires moins acharnés. L'approche de la mort fait discerner les cœurs virils. En l'attendant, les plus braves parfois ne peuvent se défendre d'éprouver des frissons et des angoisses. Dolet ignora la faiblesse des regrets inutiles. Abandonné de tous ses amis, même du bon évêque Duchâtel, il montra devant le sort contraire une constante fermeté. D'interrogatoires en interrogatoires, de procédures en procédures, serré de tous côtés par les conseillers au Parlement, par la Faculté de théologie et les députés en matière de foi, il combattit deux années, sans illusion, mais

---

(1) « Bedam tam immanem atque perniciosam bestiam, pestemque nefariam... » *Orat. duæ in Thol.*, pp. 98 à 100.

sans défaillance. Et lorsqu'enfin tout espoir de salut fut perdu, il chanta sa tristesse résignée.

Si au besoing le monde m'abandonne
Et si de Dieu la volonté m'ordonne
Que liberté encores on me donne
  Selon mon vueil,
Doibs-je en mon cœur pour cela mener dueil ?
. . . .
Soit tost ou tard, ce corps deviendra cendre
Car à nature il fault son tribut rendre ;
Et de cela nul ne se peult deffendre :
  Il fault mourir.
. . . .
Tout gentil cœur, tout constant belliqueur,
Jusqu'à la mort sa force a maintenue.

Tel que ses actes et ses écrits permettent de se le représenter, Étienne Dolet, avec ses qualités et ses défauts, nous apparaît comme une des plus attachantes physionomies de la Renaissance, période troublée, mais féconde en caractères.

Il fut ardent, vaniteux et inquiet. Excessif en toutes choses, il suscita contre lui des ennemis qui le poursuivirent sans pitié et le jugèrent sans justice, avec la passion que lui-même apporta trop souvent dans les luttes qu'il soutint.

Ce savant eut un goût de la liberté qui heurta les idées officielles de son siècle, et les gardiens de l'ordre établi le châtièrent comme un révolté, ainsi qu'il advient à ceux qui devancent trop leur époque.

Il eut des mérites peu communs dans un temps où les apparences d'une civilisation brillante cachaient la licence et l'abaissement moral. Ses malheurs, en grande partie immérités, rachètent ses plus graves défauts.

Selon nous, à ne considérer que l'homme, son énergie, son désintéressement et son mépris des plaisirs vulgaires, Dolet passe bien avant ses deux illustres amis, Marot et Rabelais.

II

SES AMIS

Jusqu'à son dernier procès, Dolet eut de très nombreux amis et plusieurs lui donnèrent les marques de la plus précieuse affection. Il fut surtout lié avec des hommes de lettres ; les principaux écrivains de son époque devinrent ses familiers ou ses correspondants.

Parmi les poètes, il compta comme amis : Maurice et Guillaume Scève, dont Lyon s'enorgueillit encore ; Bonaventure Despériers, Jean de Gouttes, traducteur de l'*Arioste*, Salmon Macrin, Charles Fontaine, Hubert Susanneau, Nicolas Bourbon, Charles de Sainte-Marthe,

Léon Jamet (1), etc...; parmi les savants : Budé et Danès; parmi les jurisconsultes : Arnaud Ferron, Jean Voulté, Claude Cottereau, Jean de Boyssoné, etc...; parmi les professeurs : Nicolas Bérauld, précepteur des Coligny, Barthélémi Aneau, principal du collège de Lyon et poète, Pierre Tolet, doyen de la Faculté de médecine de Lyon, Jacques Bording....

Enfin il vécut plusieurs années dans l'intimité de Rabelais et de Marot.

On a représenté Dolet comme un être insociable et prétendu que par sa malice, il retournait contre lui tous les gens qu'il fréquentait.

Certes, la lecture de correspondances et de polémiques du temps nous apprend que plusieurs de ses amitiés furent troublées par des querelles et dénouées par des brouilles, mais il est très exagéré d'attribuer tous les torts à Dolet, dans les ruptures qui survinrent. Il convient surtout de considérer qu'aux jours de disgrâce, des compagnons égoïstes renièrent une amitié compromettante et se défendirent

---

(1) Exilé en 1535 pour ses opinions religieuses, il passa en Italie et devint secrétaire de la princesse Renée de Ferrare. Il eut l'honneur d'ensevelir Clément Marot et de pourvoir à ses funérailles.

d'avoir fréquenté un homme dont le nom évoquait la désagréable image du bûcher.

Nous ignorons, d'ailleurs, les causes exactes de la plupart des mésintelligences qui se sont produites entre Dolet et certains de ses amis. On peut même affirmer, à sa louange, que dans ces sortes d'affaires, il résista à la tentation d'engager des polémiques, de prendre le public comme juge et de mettre les rieurs de son côté. Il a eu le réel mérite de respecter l'amitié ensevelie, et contrairement à ce que l'on attendrait de son naturel vindicatif, il n'a publié aucune pièce satirique contre ceux qui se détachaient de lui. Les amis qui devinrent ses adversaires ne gardèrent pas tous la même réserve. Rabelais, Marot, Nicolas Bourbon et Voulté, entre autres, après l'avoir comblé de soins et d'éloges, l'ont ensuite méchamment critiqué dans leurs écrits.

Mais il ne faut pas accorder trop d'importance à des divisions survenues entre écrivains qu'échauffent promptement des divergences d'idées sur des questions d'ordre littéraire. Dolet vécut, à Lyon, dans des cénacles littéraires, presque des chapelles d'admiration mutuelle. Les amours-propres étaient, de part et d'autre, très vifs, les jalousies en éveil, et il suffisait de quelques paroles sans fard, d'une appréciation peu bienveillante pour changer deux amis en rivaux. Aux formules flatteuses et aux bons procédés succédaient bientôt les propos irrités et injustes. Si les lettres, comme la musique, adoucissent les mœurs, d'assez nombreux écrivains paraissent quelque peu insensibles à ce bienfait de leur art, du moins au XVI° siècle, où les gens de bonne compagnie n'avaient pas encore dépouillé toute la rudesse héritée du Moyen-Age.

Ces réserves faites, nous devons reconnaître que Dolet, avec son caractère entier, à la fois présomptueux et inquiet, ne pouvait réaliser le type de l'ami parfait. Agressif, toujours préoccupé, accablé de soucis, entravé dans son rêve de gloire par la nécessité de gagner son pain quotidien, il était inévitable qu'il suscitât des froissements et éloignât des sympathies.

En vue de pénétrer plus avant dans les sentiments intimes de l'humaniste, nous avons cru profitable d'étudier sa conduite envers quelques-uns de ses amis et d'établir comment, à leur tour, ceux-ci se sont comportés envers lui. Le résumé impartial des documents que nous avons recueillis contribuera peut-être à faire mieux discerner quel homme fut Dolet.

Il fit la connaissance, à Toulouse, d'un jeune et très distingué professeur de langues anciennes, Jacques Bording, qui lui rendit un service signalé en le présentant à l'évêque Jean de Pins. Bording ayant pris le goût des études médicales, demeura peu de temps à Toulouse et alla se perfectionner à Paris (1). Une correspondance affectueuse s'établit avec Dolet. Mais quelqu'un rapporte à ce dernier certains propos désobligeants qu'il attribue à l'absent. Crédule, l'humaniste accepte le récit et sans solliciter, au préalable, une explication de Bording, lui envoie une lettre injurieuse. Celui-ci répond aussitôt avec tact et mesure, protestant de son innocence sur un ton qui a les apparences de la vérité. C'est en vain qu'il se disculpe. Dolet ne se calme pas et mande reproches sur reproches, en termes très blessants. L'accusé, très peiné, prend alors le parti d'en appeler à la médiation de Jean de Pins. Il fallut toute l'autorité de l'évêque pour apaiser Dolet et encore on peut le soupçonner d'avoir cédé par intérêt. Après la réconciliation, il écrit (toujours en latin) à Bording, le 6 décembre 1533, une longue et charmante lettre, mais il

---

(1) Il devint médecin de Christian III, roi de Danemark.

ajoute négligemment en post-scriptum : « On dit ici que vous êtes le grand ami de Budé : recevez mes meilleures félicitations au sujet de votre intimité avec un homme aussi savant, et je vous prie instamment de me concilier sa bienveillance et son amitié ». En même temps, il remet aux bons soins de Bording une lettre pour Budé !

Toute la correspondance échangée au cours de cet incident a été publiée par Dolet à la suite des *Duæ Orationes in Tholosam*, et cette franchise est au moins un témoignage de la bonne foi de l'humaniste.

On l'a beaucoup blâmé d'avoir imprimé certaines lettres de trois de ses amis, Arnaud Ferron, Jean de Boyssoné et Jacques Bording, au risque de leur créer de graves embarras. Ce reproche est peu fondé.

Dolet n'a pas abusé, ainsi qu'on l'a soutenu, de la confiance d'Arnaud Ferron, en publiant ses billets. Ce dernier s'attendait à voir ses épîtres divulguées et ne demandait à son correspondant qu'une discrétion momentanée : « Je vous prie de vouloir bien POUR L'INSTANT conserver pour vous seul ce que je vous ai écrit ». Dolet répond le lendemain : « Ne craignez rien. Je détruirai vos lettres, si vous le désirez ». Ferron lui laisse le soin de décider, mais ajoute : « J'aimerais mieux savoir que vous les gardez : elles vous rappelleraient parfois mon amitié ». Un peu plus loin, il lui adresse cette prière : « Puis-je vous demander de me consacrer une épigramme, *afin que la postérité sache qu'Arnaud Ferron était au nombre de ceux que le grand Dolet n'avait pas jugés indignes de son amitié* (1) ». Cette naïve demande est une preuve de l'admiration que Dolet, à peine âgé de vingt-cinq ans, excitait déjà dans son entourage !

La correspondance de Ferron ne contient d'ailleurs, aucun secret d'importance et dont la divulgation put lui causer des tracas. Il défend surtout les Toulousains aigrement critiqués par l'humaniste, et adresse à celui-ci des remontrances amicales.

On trouve, au contraire, dans les lettres de Jean de Boyssoné, de très libres appréciations sur d'influents personnages. Le professeur fournit certains détails de nature à lui nuire. Mais il suffit de dire que Dolet eut soin de ne pas le nommer, dégageant ainsi la responsabilité de Boyssoné et s'exposant seul aux périls

---

(1) Lettre du 28 janvier 1534.

éventuels. Nous avons vu que le courage n'était pas sa moindre qualité.

Parmi les lettres de Jacques Bording, insérées par Dolet dans son recueil d'épîtres, nous ne relevons qu'un passage dangereux pour son auteur : « La révocation de Noël Béda (syndic de la Sorbonne) vient d'être rapportée, mais déjà nous avions éprouvé les effets avant-coureurs de ce fléau (*tempestatis*). Jean Cop (1), sans terminer son cours, a dû s'enfuir pour éviter d'être emprisonné. Puis on a poursuivi sans aucun ménagement des hommes vertueux et savants. Jusqu'ici, on n'a osé leur enlever que la liberté. Si aucune punition publique n'a encore été infligée, nous nous y attendons, puisque Béda commande (*dominante Beda*) (2) ». En répandant les hardis propos de son ami, il risquait sans doute de lui causer des désagréments, mais n'attirait-il pas toute la foudre sur lui-même par une réponse ainsi conçue : « Béda est une bête immonde et pernicieuse, une peste abominable... il sera châtié, un jour, je l'espère, pour ses crimes... » ?

Après sa malheureuse querelle avec le pein-

---

(1) Célèbre médecin.
(2) *Orat. duæ in Thol.*, p. 164.

tre Compaing, Dolet quitta Lyon pour aller implorer la protection du roi. Des amis influents se mirent aussitôt à sa disposition, et leurs démarches semblent avoir puissamment contribué à le faire absoudre. Il est assez étrange que tantôt l'humaniste ait rendu hommage à leur dévouement, et que tantôt il ait eu l'ingratitude d'affirmer qu'ils demeurèrent inactifs. Dans l'épître dédicatoire du deuxième tome des Commentaires latins, il retrace brièvement l'affaire Compaing et se plaint « d'avoir été abandonné par ses amis ». Il prétend qu'il a obtenu le pardon du roi « sans le secours d'aulcun de ceux qui se prétendoient mes amis ».

Cette affirmation n'est pas exacte. Il est possible que, dans cette circonstance critique, l'écrivain n'ait pas été unanimement soutenu, mais nous sommes au moins certains que Pierre Duchâtel et Marot usèrent de leur influence en sa faveur, le premier auprès du roi dont il était le lecteur, le second auprès de Marguerite d'Angoulême, reine de Navarre (1).

Un des bons amis de l'humaniste se signala même par son zèle touchant. Dès que la nouvelle de la dispute qui coûta la vie à Compaing

---

(1) Voir à ce sujet: *Carminum libri quatuor*, II, 52.

parvint à Toulouse, le poète Jean Voulté qui habitait cette ville, partit précipitamment et se rendit à Lyon. Il n'y trouva point Dolet; aussitôt il se remit en route et alla le rejoindre à Paris pour lui offrir ses services. L'accomplissement d'un pareil voyage qui comportait alors tant de fatigues, de dépenses et même de périls, n'était-il pas la preuve d'un sincère et profond attachement ? Ce qui prouve d'ailleurs que Dolet ne fut pas aussi abandonné qu'il le prétend, c'est qu'au moment de son départ de Lyon « il franchit les murs, à l'aube, entouré d'une foule d'amis » (1) et à Paris, lorsque sa cause eut été gagnée, on lui offrit, d'enthousiasme, un grand banquet.

Rabelais et Marot furent étroitement liés avec Dolet. Il se dédièrent mutuellement des pièces de vers. En voici une, fort élogieuse, où Marot imagine que Cicéron s'est réincarné dans l'humaniste :

Le noble esprit de Cicero Rommain,
Voyant çà-bas maint cerveau faible et tendre
Trop maigrement avoir mis plume en main
Pour ses dicts la force faire entendre,

(1) *Carminum libri quatuor*, II, 1.

Laissa le ciel, en terre se vint rendre,
Au corps entra de Dolet, tellement
Que luy sans aultre, à nous se faict comprendre
Et n'a changé que de nom seulement.

C'est Dolet qui a publié, en 1538, la première édition complète des œuvres de Marot. Leurs bons rapports semblent avoir été troublés quelques mois seulement avant la mort du poète. En 1543, ce dernier était encore l'ami de Dolet, puisqu'il consentit à ce que celui-ci publiât une troisième édition de ses œuvres. Mais, entre 1543 et 1544, année de la mort de Marot, une brouille dut survenir, puisque l'on a trouvé cette épigramme dans ses derniers écrits (1) :

Tant que vouldras, jecte feu et fumée,
Mesdy de moy à tort et à travers,
Si n'auras-tu jamais la renommée
Que de longtemps tu cherchas par mes vers,
Et nonobstant tes gros tomes divers,
Sans bruict mourras, cela est arresté (2).
Car quel besoing est-il, homme pervers,
Que l'on te sache avoir jamais esté ?

Les motifs du désaccord sont inconnus et il n'est pas possible de faire à ce sujet des conjectures sérieuses. Dolet ne sortit de prison qu'à la fin du mois d'octobre 1543 ; de nouveau

(1) Elle n'a été publiée qu'après la mort de Marot.
(2) Marot a été ici bien mauvais prophète.

arrêté, le 6 janvier suivant, il s'évada et se réfugia en Italie. Or, en 1543, Marot habitait Genève, où il s'occupait à publier cinquante psaumes de David, traduits en vers français et précédés d'une préface de Calvin. Chassé de cette ville, il ne voulut pas rentrer en France de peur d'être inquiété par la Sorbonne, qui avait porté plainte au roi contre lui. Il gagna Turin, alors au pouvoir des Français, et y mourut peu de temps après son arrivée, au mois de septembre 1544. Séparés depuis un assez long intervalle de temps, le proscrit et le fugitif n'ont pu que se rencontrer en Italie. Que s'est-il passé alors entre eux, nul ne l'a dit. En l'absence de tout renseignement, gardons-nous des hypothèses et ne concluons ni contre Marot ni contre Dolet.

Nous sommes mieux documentés sur les relations de l'humaniste avec Rabelais. Ils s'étaient connus à Toulouse, où Rabelais « apprit fort bien à danser et à jouer de l'épée à deux mains, comme est l'usance des escholiers de la dite université ; mais il n'y demeura guère, quand il vit qu'ils faisaient brûler leurs régents comme harengs sorets (1) ». Ils se retrouvèrent à Lyon,

---

(1) Allusion au supplice de Jean de Caturce.

exerçant tous deux les fonctions de correcteur (1) chez l'imprimeur Gryphius. Pendant plusieurs années, ils se fréquentèrent assidûment.

Rabelais avait quatorze ans (peut-être même dix-neuf) (2) de plus que Dolet; mais la différence d'âge et de caractère ne mit pas obstacle à leur amitié. Ils étaient tous deux érudits, et l'étude de l'antiquité leur avait inspiré, avec l'amour de la liberté, le mépris de la routine et le désir d'émanciper les intelligences. L'anecdote suivante est une preuve de leurs bons rapports. Rabelais aidait le médecin Rondelet (3) dans la préparation d'un grand ouvrage d'ichthyologie. Au cours des travaux, il remarqua un petit poisson qu'il crut reconnaître comme étant le garum, sorte d'anchois qui servait, chez les anciens, à préparer un condiment très recherché. Après divers essais, il parvint à recomposer la formule de l'antique saumure. Il mit la recette *en vers latins* et l'envoya à Dolet avec un flacon de garum.

De garo salsamento.

Quod medici quondam tanti fecere priores

---

(1) Rabelais pratiquait en même temps la médecine.
(2) On ne sait, au juste, en effet, s'il naquit en 1490 ou en 1495.
(3) Le Rondibilis de Pantagruel.

Ignotum nostris en tibi mitto garum.
Vini addes acidi quantum vis, quantum olei vis.
Sunt quibus est oleo plus sapidum butyrum.
Dejectam assiduis libris dum incumbis, orexim
Nulla tibi melius pharmaca restituent.
Nulla et aqualiculi mage detergent pituitam,
Nulla alvum poterunt solvere commodius.
Mirere id potius quantum vis dulcia sumpto
Salsamenta, garo, nulla placere tibi.

A son tour, Dolet dédia à son ami plusieurs pièces de vers. La plus curieuse est une ode qui célèbre une action mémorable de Rabelais. Ce dernier, qui était médecin à l'Hôtel-Dieu de Lyon, disséqua publiquement, en 1535, un cadavre humain (celui d'un pendu), opération qui n'avait jamais été tentée jusque-là (1).

Quelques-uns applaudirent l'anatomiste, mais beaucoup le blâmèrent. Dolet imagina de le faire approuver..... par le disséqué lui-même, auquel il prête en vers latins un discours irrésistiblement bouffon. Le pendu prend la parole et se réjouit du grand honneur qu'on lui fait en le disséquant :

« Étranglé par le nœud fatal, je pendais misérablement à la potence. Fortune inespérée et qu'à peine j'eusse osé demander au grand

---

(1) Vésale ne pratiqua ses dissections que quelques années plus tard.

Jupiter ! Me voici l'objet des regards d'une vaste assemblée. Me voici disséqué par le plus savant des médecins, qui va faire admirer dans la machine de mon corps l'ordre incomparable, la sublime beauté de la structure du corps humain, chef-d'œuvre du Créateur. La foule regarde, attentive..... Quel insigne honneur et quel excès de gloire ! Et dire que j'allais être le jouet des vents, la proie des corbeaux tournoyants et rapaces. Ah ! le sort peut maintenant se déchaîner contre moi : je nage dans la gloire (1) » !

Après neuf années de bonne sympathie, Rabelais et Dolet cessèrent d'être amis.

Vers la fin de 1532, Claude Nourry imprimait, à Lyon, le premier livre de Pantagruel ; environ deux ans après paraissait le premier livre de la vie de Gargantua. Par mesure de précaution, Rabelais avait signé son œuvre d'un nom supposé : *Alcofribas Nasier*. Dans le courant de l'année 1533, *Pantagruel* fut censuré par la Sorbonne. Une lettre de Calvin (octobre 1533) mentionne que la faculté de théologie a condamné « ces écrits obscènes, Pantagruel, la forêt des amours et autres de cet acabit (*ejus*

(1) Voir, à ce sujet, une étude : *Rabelais à Lyon*, parue dans la *Nouvelle Revue* (septembre 1892).

monetæ) ». Les chroniques n'en obtinrent pas moins un grand succès et plusieurs éditions avaient été écoulées, lorsque, en 1542, l'auteur, devenu chanoine, crut bon d'atténuer des passages ou des termes trop hardis. Il publia une édition expurgée. Pendant ce temps, Dolet imprimait l'ouvrage en se servant du texte primitif, le seul, d'ailleurs, qu'il connaissait. L'histoire de Gargantua et de Pantagruel, encore anonyme, était dans le domaine public, et plusieurs éditeurs l'avaient déjà réimprimée à leurs risques et périls. Dolet ne faisait que reprendre pour son propre compte une entreprise de librairie que d'autres avant lui avaient tentée avec profit.

Lorsque Rabelais (qui habitait alors aux environs de Paris) sut qu'une édition de ses chroniques venait de sortir des presses de Dolet, à Lyon, il crut sa sécurité compromise; se souvenant que l'imprimeur était fortement soupçonné d'hérésie et surveillé par les autorités ecclésiastiques, il songea, par crainte de poursuites possibles, aux moyens de dégager sa responsabilité. Il n'osa pas attaquer Dolet directement, mais écrivit contre lui une lettre injurieuse qu'il ne signa pas, laissant croire qu'elle était l'œuvre de l'imprimeur de l'édition expurgée. La précaution est vaine, car le style décèle Rabelais. Dans tous les cas, s'il n'était pas l'auteur de l'épître, il l'approuvait, puisqu'elle parut, avec son consentement, en guise de préface. Les reproches qu'elle contient font beaucoup plus de tort à l'accusateur qu'à l'accusé. Rabelais prétend que Dolet « *a, par avarice, soubstrait l'exemplaire de ce livre encores estant soubz la presse* ». Cette calomnie n'est même pas habile. L'humaniste, en effet, n'a pu dérober les épreuves des joyeuses chroniques, pour l'excellente raison qu'il n'a eu qu'à se servir d'un des nombreux exemplaires qui se trouvaient dans le commerce depuis environ dix années. L'accusation parut tellement grossière que Dolet jugea inutile de présenter sa justification.

Puis, Rabelais lui dénie tout talent. Ses œuvres seraient une informe compilation, bien pis, un plagiat de Villanovanus, de Calepin, de Nizolius et de Robert Estienne. C'étaient là des opinions bien nouvelles chez l'auteur de Gargantua. Il connaissait l'humaniste depuis longtemps ; il l'avait admis dans son intimité, et constamment tenu pour un écrivain remarquable. A la suite d'événements quelque peu retentissants (l'affaire Compaing), il n'avait pas hésité à participer à un banquet offert à celui-là même qu'il charge brutalement de lourds méfaits. Si Dolet n'avait ni conscience, ni esprit, s'il « *est un monstre né pour l'ennuy et injure des gens de bien* », pourquoi Rabelais l'a-t-il fréquenté près de dix ans? Que signifient un revirement aussi brusque et des attaques aussi peu motivées?

L'épître contient enfin cette insinuation vainement perfide : est-il bien vrai que le roi ait jamais accordé à Dolet un privilège d'imprimeur ? « *Qui a oncques vu ce Privilège ? A qui l'a-t-il monstré ? Certainement pour quelconque requeste oncques à homme ne l'osa monstrer* ». Ce dernier coup est si ridicule qu'il suffit presque à enlever toute portée aux autres arguments.

La conduite de Rabelais n'a qu'une seule excuse, la peur. Le Gargantua publié chez Dolet parut en 1542. Or, au mois de juillet de cette même année, nous savons que ce dernier fut dénoncé comme hérétique et aussitôt incarcéré. Il ne sortit de prison qu'au bout de quinze mois. Cette arrestation effraya Rabelais. Aux chefs d'accusation portés contre Dolet, n'allait-on pas joindre le fait d'avoir récemment imprimé, sans aucune modification, le Gargantua, déjà censuré on 1533 ? Rabelais se demandait s'il ne serait pas compris dans les poursuites ? A ce moment, en effet, on n'ignorait plus qu'il était l'auteur des « inestimables chroniques ». Son inquiétude croissait de jour en jour, avec les progrès de la maladie de son protecteur, Guillaume du Bellay-Langey, qui succomba en janvier 1543. Après la mort de ce personnage, il avait tout à redouter de ses adversaires. Ses craintes étaient justifiées, puisque dès le 14 février suivant, la faculté de Paris réclama au Parlement des poursuites contre lui. Au cours de pareils événements, Rabelais s'ingénia à répudier une amitié compromettante. Afin d'établir qu'il n'était pour rien dans la publication, faite par Dolet, des chroniques non expurgées, il eut recours au stratagème d'une lettre publique. Non seulement, l'auteur rejetait toutes les responsabilités sur l'imprimeur, mais encore avec des accusations haineuses, se présentait comme un témoin à charge.

Cette absence de courage et de dignité n'étonne pas chez Rabelais. Son caractère est loin d'égaler son talent. Il excelle à démasquer partout où il les trouve les pédants, les privilégiés et les hypocrites, mais il tient plus à sa tranquillité et à son bien-être qu'à ses idées. Il tâche, dit-il, de *ne pas tarir l'aumône de ses protecteurs*. C'est à dessein qu'il a choisi pour son récit une forme cynique et bouffonne : il peint, mais pour sa sécurité, veut être pris pour un caricaturiste. Il rit de tout, sauf du danger.

Peut-être faut-il voir encore dans l'épître de Rabelais contre Dolet un reflet accidentel de l'état d'esprit qui, dès 1536, lui avait fait reprendre la robe de moine bénédictin. On sait que vers 1524, il avait dépouillé sans autorisation l'habit monastique pour courir le monde sous la robe de prêtre séculier. Dans la suite, par remords ou par intérêt, il adressa au pape une *supplicatio pro apostasia*, et grâce à la protection du cardinal Jean du Bellay, dont il était le médecin, il obtint de Paul III un bref l'autorisant à reprendre l'habit de bénédictin. Aussitôt Jean du Bellay le nomma chanoine de l'abbaye de Saint-Maur-des-Fossés, ce qui ne l'empêcha pas de continuer ses pérégrinations, puisque de 1537 à 1543, on le vit successivement à Paris, à Montpellier, à Lyon, à Chambéry, en Piémont, à Narbonne et à Castres.

L'étude de la vie de Dolet montre, en somme, qu'il ne fut ni misanthrope ni solitaire. Il connut les joies et aussi les déceptions de l'amitié, sentiment moins fragile que l'amour, mais qui ne s'entretient que par un échange assidu de concessions et de soins. Il serait injuste de rejeter sur lui tout le poids des querelles ou des froissements survenus dans quelques-uns de ses attachements amicaux. Ne fallait-il pas qu'il eût une grande séduction naturelle pour gagner des affections aussi dévouées et durables que celles de Jean de Boyssoné, de Simon Finet, de Claude Cottereau et de Voulté? Ne parvint-il pas à se concilier d'excellentes sympathies même parmi les Toulousains qu'il avait cependant si peu ménagés : « Sachez, lui écrit Jean de Boyssoné, que vous êtes regretté ici par beaucoup de gens ; ils sont nombreux ceux qui vous aiment et éprouvent une grande peine de votre départ (1) ».

Partout où il vécut, ses qualités et ses talents lui valurent un grand nombre d'amis, et quels amis ! Les meilleurs ou les plus fins esprits du temps ! Mais quelques défections étaient inévitables : tant d'amitiés ne pouvaient offrir toutes la même résistance. Quelques-unes, d'ailleurs, étaient un commerce d'esprit plutôt que

---

(1) *Orat. in Thol.* Lettre de juin 1534, p. 174.

de cœur, et il ne faut pas oublier qu'elles étaient formées entre des gens susceptibles, passionnés, vivant à une époque troublée par d'ardentes controverses religieuses et littéraires. Au XVIe siècle, le savant et l'écrivain se doublent fréquemment d'un homme de combat. Dolet fut toujours sur l'offensive ou la défensive. Dans l'agitation et les dures nécessités de son existence, il eût été bien difficile à ce tourmenté de conserver la tendresse de cœur et la bienveillance souriante qui sont les parfums de l'amitié constante.

III

SES ENNEMIS
ET SES PROTECTEURS

La vie d'un savant est faite de calme et de recueillement. Celle de Dolet, fut, au contraire, pleine de combats et de troubles. Il ne laissa personne indifférent : ceux qui l'approchaient se rangeaient de son côté ou l'attaquaient sans merci. Il vécut entouré d'ennemis, mais leur coalition demeura longtemps impuissante, car il eut la bonne fortune de lui opposer de nombreux et puissants protecteurs. On trouve des adversaires et des défenseurs de l'humaniste dans tous les camps, et c'est ainsi qu'il faut compter, parmi ses plus zélés bienfaiteurs, un cardinal et trois évêques.

Vers 1529, Jean de Langeac, évêque de Limoges, envoyé comme ambassadeur à Venise, prit Dolet pour secrétaire. La mission diplomatique du prélat se termina au bout d'une année ; il dut se séparer de son collaborateur, mais ne se jugea pas quitte envers lui. Il conseilla au jeune érudit d'aller suivre les cours de droit à l'université de Toulouse, et offrit généreusement de pourvoir aux frais de ses études. Dolet qui était pauvre, accepta. Il passa deux années dans cette ville et y vécut grâce aux subsides de l'évêque. Une lettre, datée du mois de mars 1534, adressée par l'étudiant à Jean de Langeac, ne laisse pas de doute à ce sujet.

« Votre frère m'a compté l'argent (*numi*) que vous m'avez envoyé. J'en avais le plus grand besoin... Vos libéralités à mon égard me commandent la discrétion ; je vous demanderai cependant de me soutenir et de continuer, pour le bien de mes études, l'aide que vous m'avez jusqu'ici accordée de si bon cœur et si largement (*benignissime et liberalissime*). Je n'insisterai pas davantage, dans la crainte de paraître importun, de forcer un bon coursier (*ne currenti instare !*) et de sembler manquer de confiance dans le meilleur des hommes. J'ajouterai seulement que j'ai formé le dessein d'aller, dès l'automne, à Padoue, pour y entreprendre l'étude du droit et parfaire mon instruction littéraire. En ceci comme pour tout, j'ai besoin de votre aide, mais je ne vous prierai pas plus ardemment avant que vous ne m'ayez signifié vos désirs. Puisque vous êtes juge de mes projets et *le soutien de mes études*, je suis tout entier à vos ordres (1) ».

Rabelais connut cette situation, et lorsqu'il se brouilla avec l'humaniste, il fit une allusion maligne à la pension servie par Jean de Langeac : « ... Telles besognes méritent bien que Evesques et prélats soient par un tel ouvrier esmouchés d'argent (2) ».

Dolet ne se fit pas inscrire aux cours du droit canon ou de théologie, ainsi qu'on pourrait peut-être le supposer d'après l'état de son protecteur. Il étudia le droit romain ou plutôt il fut censé l'étudier. Il a beau écrire dans une lettre du 22 avril 1534, adressée à Budé, qu'il s'applique depuis deux ans à déchiffrer des lois, nous pensons qu'il n'a jamais feuilleté que d'un doigt distrait et même dédaigneux, les textes de Barthole et d'Accurse. Il prononce,

(1) *Orat. duæ in Thol.*, pp. 137 et 138.
(2) Lettre contre Dolet, publiée en tête de l'édition de *Gargantua et Pantagruel*, parue en 1542, chez Nourry à Lyon.

d'ailleurs, le nom de ces fameux commentateurs avec un mépris non dissimulé. Ecrivant à Jean de Boyssoné, il parle de la « *niaiserie* » de ces auteurs (1). Dans sa correspondance, il ne donne aucun détail sur ses travaux juridiques, tandis qu'il réserve une très large place aux projets qu'il forme, aux discussions qu'il soutient, à ses discours, à ses épigrammes et surtout à ses études sur la langue latine. Il est à peu près certain qu'il ne prit aucun grade en droit; il n'eût point manqué autrement de nous en avertir. Il n'était pas dans ses habitudes de ne pas signaler ses moindres succès.

Dolet manifesta de son mieux sa reconnaissance à Jean de Langeac. Il lui dédia diverses pièces de vers et l'ouvrage sur l'imitation cicéronienne. Dans les Commentaires latins (2), il fit un très chaleureux éloge de son protecteur et composa enfin sur les diverses missions diplomatiques du prélat un assez important poème qui forme la troisième partie du « *De officio legati* » paru en 1541. Malheureusement pour l'humaniste, l'évêque mourut cette année-là.

Pendant son séjour à Toulouse, Dolet par sa

---

(1) *Orat. duæ in Thol.*, p. 121.
(2) Tome 2, col. 149.

fougue et sa verve critique, souleva presque toute la ville contre lui. C'est ameuter une foule nombreuse que dénoncer le fanatisme, l'ignorance et la superstition.

Il prononça deux grands discours, multiplia les épigrammes, mais incapable de refréner la violence de son caractère, alla jusqu'à proférer des injures. Par le ton de ses écrits, on peut juger à quels emportements il dut se livrer dans les discussions orales.

Son éloquence fut si vigoureuse qu'il réduisit d'abord au silence l'orateur des étudiants Aquitains, Pierre Pinache. Mais il l'accabla ensuite de tels sarcasmes, que celui-ci, plein de fureur, ne songea qu'à prendre une revanche. Pour être soutenu dans ses projets de vengeance, Pinache fit appel à ses compatriotes et à tous ceux que l'esprit mordant de Dolet avait mécontentés. Avec les hauts personnages que le jeune savant avait persiflés, la plupart des Toulousains étaient très irrités de ses attaques publiques contre la barbarie de leurs mœurs. Les bigots ne lui pardonnaient pas d'avoir ridiculisé certaines cérémonies religieuses périodiquement célébrées. A la faveur de cette colère quasi générale, on put promener impunément dans la ville un cochon juché sur un char, et portant sur son dos le nom de Dolet. Peu après, on essaya d'attirer l'humaniste dans un lieu désert, où une troupe de gens armés devait le mettre à mort. Le secret ne fut pas gardé et le complot échoua.

Nouveau venu à Toulouse, et sans autre autorité que son talent, sans autre appui que sa sincérité, il n'hésita pas à braver le Parlement, à critiquer les décisions de cette cour et à discuter les pouvoirs des conseillers. Ces graves et hautains magistrats qui inspiraient autant de crainte que de respect, durent être stupéfaits et puis indignés, lorsqu'ils apprirent ce qu'un étudiant étranger avait osé dire du haut d'une tribune :

« Les conseillers au Parlement nous retirent, au mépris de la justice de Dieu et des hommes, le droit de réunion et les joies de l'amitié. Qui ne verrait là les extravagances de gens pris de vin, plutôt qu'un arrêt rendu par des gens sobres ? N'est-ce pas là un débordement de fous furieux, plutôt qu'un décret inspiré par la sagesse... »

L'orateur ne borna pas là ses protestations. Avec une hardiesse qui demeura sans écho, il s'éleva encore contre le supplice de Jean de Caturce, brûlé comme hérétique. Il qualifia cette condamnation « *d'iniquité, de cruauté et de suprême injustice prise pour le souverain droit* ». L'inquisiteur général de la foi, moine de l'ordre de Saint-Dominique, en résidence ordinaire à Toulouse, ne poursuivit pas celui qui tenait un langage aussi généreux que téméraire, mais le nota en secret comme un homme arrogant, impie, et qu'il fallait étroitement surveiller pour étouffer ses dangereux écarts de voix. *La première pièce du procès final était déjà dressée.*

Dolet tourna aussi contre lui un des personnages les plus considérables de la province, le lieutenant du sénéchal de Languedoc, Gratien du Pont, sieur de Drusac. Cet officier royal qui détenait à la fois les pouvoirs d'un préfet et d'un procureur général, s'était longtemps signalé par son empressement auprès des femmes; mais son excessive galanterie ne lui avait attiré que des mécomptes. En dépit de ses malheureuses expériences, il tenta l'aventure du mariage. Il eut à se repentir de cette audace qui mit le comble à ses déconvenues. Ce déplorable mari devint misogyne et écrivit en vers un ouvrage chagrin où il épanchait ses rancœurs et proclamait tout le mal qu'il pensait du sexe faible. Les gens inconsidérés avaient ri de ses malheurs, mais tout le monde se moqua de sa sottise, à l'apparition de cette diatribe. Il était peu utile de réfuter les arguments de Drusac. Dolet en jugea autrement et le prit à partie sur un ton qui nous semble aujourd'hui bien déplacé. L'étudiant ne sut pas persifler sans grossièreté. Ses pesantes épigrammes achevèrent de ridiculiser le lieutenant du sénéchal qui, mortifié à l'excès, ne pardonna pas à son contradicteur des incivilités que la jeunesse même n'excuse pas. Les pièces auxquelles nous faisons allusion (1), circulèrent d'abord en manuscrit et furent ensuite imprimées (2). Drusac conçut une furieuse rancune qu'il eut peu après l'occasion de satisfaire. Pierre Pinache vint à son tribunal dénoncer Dolet, l'accusant d'avoir outragé la dignité du Parlement et tenu des propos contraires à la paix publique. Drusac se hâta d'accueillir la plainte, et par l'intermédiaire de son subordonné, le juge-mage Dampmartin, fit mettre Dolet en prison. Les motifs de l'arrestation avaient quelque fondement, et l'affaire promettait d'être grave, lorsque l'accusé invoqua l'appui d'un haut dignitaire ecclésiastique.

(1) Nous en avons traduit une, page 31.
(2) *Orat. duæ in Thol.*, pp. 194 à 199.

Jean de Pins, évêque de Rieux (1) et abbé de Moissac, jouissait d'un grand crédit. D'abord conseiller-clerc au Parlement de Toulouse, il avait été ensuite envoyé comme ambassadeur à Venise et à Rome. Bien que très en faveur à la cour, il se retira d'assez bonne heure dans le petit évêché de Rieux, situé à onze lieues de Toulouse où il résidait, d'ailleurs, la plus grande partie de l'année. Fort honnête homme et grand érudit, il correspondait avec les principaux savants de l'époque. Aussi, quand Etienne Dolet se présenta chez lui, amené par un ami commun, dont nous avons parlé, Jacques Bording (2), il le reçut avec empressement. L'amour de la belle latinité fut le trait d'union, et les deux lettrés, malgré la différence d'âge et de situation, se lièrent d'amitié.

Dès que l'évêque eut appris l'arrestation de l'étudiant, il s'adressa pour le faire mettre en liberté, à Jacques de Minut, premier président du Parlement. Empêché par une attaque de goutte, qui le tenait alité, d'aller solliciter en personne l'ordre d'élargissement, il envoya au magistrat une lettre pressante dont voici les termes principaux :

(1) L'évêché de Rieux, créé en 1317, fut supprimé en 1790.
(2) Voir p. 252.

« Si je ne savais pertinemment combien vous favorisez les arts et les études des hommes d'esprit, je ne vous écrirais pas pour vous prier de prendre sous votre protection Etienne Dolet, jeune homme doué d'un talent remarquable. ... Si vous examinez ses écrits en prose, vous penserez qu'ils sont le résultat de toute une existence d'application. Aimez-vous tout à la fois la gravité et la finesse dans les discours, l'ingéniosité et l'agrément dans les épîtres ? Vous reconnaîtrez que dans tout cela, il approche des anciens. Ce qu'il a de plus admirable encore, c'est son inspiration lyrique qui ne laisse rien à désirer de mieux... S'il aborde l'élégie, on croit entendre Ovide ou Tibulle. S'il écrit en vers lyriques, iambiques ou hendécasyllabes, il fait songer à Horace et à Catulle. Mais toutes ces qualités même sont superflues pour vous prier de ne pas permettre qu'un jeune homme loyal et sans défiance soit livré aux coups des envieux, accablé, terrassé par les témoignages de ses ennemis. Faites éclater l'innocence d'un si grand savant ! Naguère, entre lui et je ne sais quel rhéteur Aquitain, s'est élevé un débat littéraire. Je m'en réjouissais, dans l'espoir que la joute stimulerait leur talent et leur éloquence. Je pensais qu'autrefois il en avait été ainsi pour les hommes les plus illustres, mêlés aux luttes du Sénat, Cicéron et Salluste, Messala et Asinius Pollion, et presque à notre époque, Valla et Pogge, Gaza et Trapezonce, Galeotti et Merula… Mais à ce que je vois, l'affaire a bien mal tourné. En effet, les deux adversaires, excités par l'ardeur belliqueuse de leurs partisans, après la parole ont pris les armes. J'ai toutefois appris qu'ils ne s'étaient pas encore fait de mal. Cependant Dolet a été jeté en prison ; il souffre, et porte le poids de toutes les haines que son parti a suscitées. On le met dans un très grave péril en l'accusant d'avoir bravé le Parlement. Mais je m'arrête de peur de vous importuner. Notre ami qui vous remettra ma lettre, formera votre conviction sur cette affaire avec de plus amples renseignements (1) ».

Le président, Jacques de Minut se rendit aussitôt au désir de l'évêque et ordonna la mise en liberté de l'étudiant. Dolet fut très touché de cette intervention et en apprécia si bien l'importance qu'il écrivit à Jean de Pins :

---

(1) Cette lettre est écrite en latin: *Orat. duæ in Thol.*, pp. 149 et 150.

« ... Ces pensées me rappellent que je vous dois tout, *même l'existence* (1) ».

Mais la protection qui couvrait le jeune écrivain n'apaisa aucune colère. Ne se sentant plus en sûreté dans Toulouse et pour échapper à de nouvelles entreprises d'adversaires exaspérés, il se retira dans les environs.

On mit aussitôt son absence à profit pour obtenir du Parlement un arrêt d'expulsion. Si nous en croyons Dolet, c'est le lieutenant du sénéchal, Drusac, qui aurait été l'instigateur de cette mesure : « J'apprends par des messagers et de nombreuses lettres, mande-t-il à Jean de Boyssoné, que sur la requête de Drusac (*Drusaci postulatu*), la ville de Toulouse m'est interdite (2) ».

Le banni vint habiter Lyon. Au bout de deux années de tranquillité, il eut, un jour, le malheur de porter un coup mortel à un homme qui l'attaquait dans la rue. En toute hâte, il gagna Paris, en vue de se mettre sous la protection du roi.

La publication de la première partie des

---

(1) ... *Illa, me omnia tibi, vel vitam debere, commonefaciunt* ». Orat. duæ in Thol., p. 142.

(2) *Orat. duæ in Thol.*, p. 124.

Commentaires latins (1536) avait beaucoup augmenté la renommée de l'auteur, mais sa réputation de savant n'aurait pas suffi sans doute à lui donner accès auprès de François Ier et à l'intéresser à sa cause. Il trouva heureusement de hauts appuis.

Marguerite d'Angoulême, reine de Navarre, plaida en sa faveur (1). Elle ne connaissait pas personnellement Dolet, mais cette princesse, instruite bien au-delà de son âge et de son sexe et qui écrivait d'agréables vers, favorisait les hommes de lettres. Clément Marot et Bonaventure Despériers, ses secrétaires-valets de chambre, lui avaient, d'ailleurs, recommandé l'écrivain.

Pierre Duchâtel, lecteur du roi et puis évêque de Tulle, aida beaucoup au succès de l'affaire. Ce puissant personnage avait humblement débuté comme correcteur d'imprimerie et s'était lié avec Dolet pendant qu'il exerçait cette profession. Parvenu à une situation élevée, dont il était digne par sa science, il n'oublia pas son ami. Nous possédons plusieurs lettres qui témoignent de leurs bonnes relations. Jusqu'en 1544 (commencement de son

---

(1) *Carminum libri quatuor*, II, 52.

dernier procès), l'humaniste eut en Duchâtel son plus ferme soutien (1).

Dolet disposait encore de l'influence considérable de Budé, de Christophe Richer et de Guy Breslay. Budé, très aimé à la cour, avait été plusieurs fois prévôt des marchands et siégeait au Conseil d'Etat. Richer, valet de chambre du roi et puis ambassadeur avait assez intimement fréquenté l'humaniste à Lyon et il s'honorait de lui écrire, après avoir quitté cette ville (2). Quant à Guy Breslay, un des membres les plus influents du Grand-Conseil, Dolet l'avait connu à Padoue, où tous deux étudiaient sous la direction du même maître. Ils avaient suivi des carrières différentes, mais ne s'étaient point oubliés : ce qui nous est parvenu de leur correspondance le montre. Il est probable que dans la circonstance, l'écrivain usa de l'autorité dont disposait Budé, Breslay et Richer, mais aucun document ne nous autorise à l'affirmer.

Dès qu'il eut été absous, il rentra à Lyon. Les magistrats de cette cité n'avaient pas encore été officiellement avisés de la décision

---

(1) Dolet a dédié à Duchâtel son histoire en latin du règne de François Ier.
(2) Voir la lettre-préface du « *De re navali* ». Lyon, 1537.

royale à son égard, et un mandat d'arrêt fut décerné contre lui. Un protecteur imprévu, Jean de Peyrat, lieutenant du gouverneur de Lyon, écouta les protestations du prisonnier et le fit remettre en liberté. Cet officier passait pour équitable et tolérant. Dolet qui lui a concacré une pièce de vers (1), le nomme « un des hommes les plus exacts à observer la justice ». Le bon vouloir de Jean de Peyrat fut peut-être stimulé par le gouverneur de Lyon lui-même, le cardinal François de Tournon, à qui l'humaniste avait su plaire. Nous pensons que c'est à Pierre Duchâtel qu'il devait d'avoir été présenté à ce prélat intolérant et sectaire, mais qui aimait les écrivains et même les pensionnait. Dolet eut à se louer de François de Tournon qui lui rendit notamment un service signalé. En 1538, le cardinal qui était le ministre favori de François I*er*, offrit au roi les Commentaires latins de Dolet, dit le plus grand bien de l'auteur et obtint pour celui-ci dans cette entrevue un privilège de maître imprimeur. L'humaniste a ainsi commémoré l'événement.

(1) *Carminum libri quatuor*, II, 2. « A Jean de Peyrat, sous-préfet de Lyon ».

« Il me souvient (et m'en doibt soubvenir
Si trop ingrat je ne veulx devenir)
Comme à Moulins (sept ans a, ce me semble)
Par grand amour, et par faveur ensemble
Sans long delay vous me fistes ce bien
De trouver l'heure opportune, et moyen
Pour présenter mes deux tomes au Roy,
Luy disant lors trop plus de bien de moy
Qu'il n'y en avoit, et n'y a et n'y fut (1) ».

Dolet, pour marquer sa gratitude à François de Tournon, lui fit hommage de plusieurs pièces de vers et lui dédia le second livre de son principal recueil de poésies latines. (*Carminum libri quatuor*).

Malheureusement, le cardinal-ministre cessa un jour de s'intéresser à l'humaniste. Au procès de 1542, non content de ne pas le protéger, il se déclara ouvertement contre lui. Persuadé d'après les bruits répandus et les faits relatés dans l'acte d'accusation, qu'il avait obligé jusque-là un ennemi de l'Eglise, il fut un des plus ardents à réclamer un châtiment exemplaire (2).

Le procès de 1542 s'ouvrit à l'instigation des imprimeurs lyonnais qu'il faut compter

---

(1) Epître à Monseigneur le révèrendissime cardinal de Tournon. *Le Second Enfer*. 1544.

(2) Voir: *Petri Castellani vita* (chapitre 39). Paris, 1674.

parmi les pires ennemis de l'écrivain. Ils sont en partie responsables de sa mort. Ils se coalisèrent, en effet, contre lui et portèrent pour le perdre une accusation d'hérésie. L'inimitié était ancienne. Elle naquit au temps où Dolet n'était que simple correcteur chez Sébastien Gryphius. Il se plaignit de l'incompétence professionnelle et du défaut d'instruction des imprimeurs. Il écrivit en outre, qu'ils s'adonnaient généralement à la boisson (1). Ces propos les irritèrent. A leur ressentiment s'ajouta la jalousie, lorsque le roi eut accordé à l'humaniste le droit d'imprimer, privilège qu'il vint justement exercer dans leur propre ville. Enfin, il mit le comble à leur colère en prenant parti pour les ouvriers imprimeurs qui se mirent en grève vers 1538. Pendant les discussions et les troubles qui durèrent plus de trois ans, Dolet se sépara constamment des patrons. Ceux-ci complotèrent alors de se débarrasser d'un homme qu'ils détestaient, et qui, par sa réputation et son activité, devenait un concurrent tous les jours plus redoutable.

Ils le signalèrent comme *hérétique* et *schismatique*, invoquant à l'appui de leur plainte

---

(1) *Commentaires*, I, col. 266.

quelques passages extraits de livres imprimés chez Dolet. Par surcroît de précaution, ils l'accusèrent « *de plusieurs aultres cas et crimes* » et le dénoncèrent « *à l'inquisiteur de la foy, à son promoteur, aux vicaires officiaulx de l'archevesché de Lyon — et au procureur royal du dict lieu* (1) », c'est-à-dire aux iuges ecclésiastiques et à l'autorité laïque tout ensemble. L'accusé fut aussitôt jeté en prison. Au bout de trois mois (le 2 octobre 1542), le tribunal de l'Inquisition le déclarait coupable et le livrait au bras séculier. Dolet, qui semblait perdu, fut sauvé du bûcher grâce au dévouement des protecteurs qu'il avait à Paris. Le plus puissant et aussi le plus zélé enleva sa grâce. Pierre Duchâtel, bien que nommé évêque de Tulle, avait conservé ses fonctions à la cour. Il intercéda avec tant d'ardeur auprès du roi qu'il obtint des lettres de rémission, en dépit d'une opposition pressante du cardinal de Tournon (2).

Nous ne bâtissons pas de simples hypothèses en avançant que les imprimeurs lyonnais fu-

---

(1) Lettres royales de rémission de juin 1543. (Procès d'Estienne Dolet).

(2) Sur les péripéties de cette affaire pendant laquelle la conduite de l'évêque Duchâtel fut admirable, voir p. 76.

rent en cette affaire, les pourvoyeurs de l'Inquisition. Leur odieuse conduite est attestée dans plusieurs documents. A la fin de l'édition de l'*Internelle consolation* (1) que publia Dolet, on lit : « Ce présent œuvre fut achevé d'imprimer à Lyon, l'an de grâce mil cinq cent quarante et deux, chez Estienne Dolet, détenu pour lors aux prisons de Rouenne, et ce par l'ennui et calomnie d'aulcuns maistres imprimeurs (ou pour mieulx dire barbouilleurs) et libraires du dict lieu. Contre lesquels, il fit, estant prisonnier, les deux dizains qui s'ensuivent ».

Dolet trace encore ces mots dans la première édition de sa traduction des *Tusculanes* (1543) : « ... Les libraires de cette ville (Lyon), au lieu de leur moquerie accoutumée, ont à la fin machiné ma mort ».

Nous trouvons enfin une preuve décisive dans les passages suivants des lettres de rémission accordées par François I*er*, en juin, 1543 :

« Françoys par la grâce de Dieu Roy de France, savoir faisons à tous présens et à venir.

« Nous avoir reçu l'humble supplication de Estienne Dolet.... il auroit imprimé et fait im-

---

(1) *L'Imitation de Jésus-Christ.*

primer plusieurs beaulx livres, tenant boutique de libraire, dont les aultres maistres-imprimeurs et libraires de nostre dicte ville de Lyon auroient pris une grande jalousie et secrète envie, voyant qu'il commençoit à honnestement profiter, et que, par succession de temps, il pouvoit grandement s'augmenter; et tant à cette occasion que pour avoir par luy soustenu les compaignons imprimeurs au procès mû entre les dicts maistres et eulx, iceulx maistres auroient conçu haine mortelle et inimitié capitale contre luy et se seroient ensemble bandés pour conspirer sa ruine, avec tous les moyens qu'ils ont pu penser et adviser, et entre aultres auroient suscité l'inquisiteur de la foy, avec son promoteur et les vicaires officiaulx de l'archevesché de Lyon, et pareillement nostre procureur au dict lieu, pour informer et procéder à l'encontre de luy, le chargeant d'estre hérétique et schismatique, ensemble de plusieurs aultres cas et crimes, en sorte qu'il auroit esté pris au corps et constitué prisonnier en nos prisons de Lyon, où par le dict inquisiteur et officiers dessus dits, il auroit esté enquis et interrogé... (1) »

(1) Extrait des registres criminels du Parlement de Paris, n° 96 (Archives nationales.)

Le mauvais dessein des imprimeurs lyonnais n'échoua qu'en partie. Ces délateurs ont apporté une large contribution aux assises du bûcher où périt Dolet. Les lettres de rémission le dispensèrent bien de la peine corporelle, mais furent impuissantes à effacer tout l'effet de la sentence ecclésiastique qui lui avait infligé une marque indélébile en le déclarant « impie, maulvais, scandaleux, schismatique et hérétique ». Il n'était plus désormais qu'un coupable grâcié, un réprouvé, qu'un facile prétexte devait suffire à accabler.

Au bout de deux mois à peine, Dolet était victime d'une nouvelle machination. Cette fois, ses ennemis demeurèrent anonymes. Mais on peut sans trop de risque faire des conjectures, lorsque l'on connaît la jalousie et la haine des imprimeurs de Lyon. La déplorable conduite qu'ils avaient tenue auparavant, porte à les soupçonner.

Deux ballots de livres interdits furent expédiés de Lyon à Paris. L'envoi, qui portait en lettres ostensibles le nom d'Etienne Dolet, fut saisi et l'humaniste emprisonné comme étant l'expéditeur présumé. Il parvint à s'évader, passa en Piémont, puis rentra en France avec l'intention de faire établir son innocence. Arrêté en août 1544, il ne sortit de la Conciergerie que deux ans plus tard, pour marcher au supplice.

Il semble que personne ne l'ait soutenu dans ce dernier procès. Plusieurs de ses protecteurs n'existaient plus. L'évêque Jean de Pins était mort en 1537, Budé en 1540, l'évêque Jean de Langeac en 1541, et Guillaume du Bellay en 1543 (1).

Christophe Richer n'habitait plus Paris. Il avait échangé son emploi de valet de chambre du roi contre celui d'ambassadeur, et en 1546, se trouvait en Danemark.

Quant aux autres protecteurs de l'écrivain, ils ne voulurent ou peut-être n'osèrent plus le défendre. Marguerite d'Angoulême et Pierre Duchâtel, nommé évêque de Mâcon en 1544, et toujours très influent à la Cour, ne paraissent pas avoir essayé de l'arracher à ses juges. Enfin, si le cardinal de Tournon intervint, ce fut pour charger le malheureux accusé. En effet, ce ministre, qui avait alors versé dans un farouche

---

(1) Guillaume du Bellay, général et diplomate, devint gouverneur du Piémont. Dolet le connaissait et il est probable qu'il reçut de celui-ci quelques bienfaits, car il lui adressa deux pièces de vers et lui dédia ses trois études sur la manière de bien traduire, la ponctuation et les accents.

fanatisme, permettait les supplices de Meaux et s'employait, avec l'assentiment de François Ier, à faire sauvagement exterminer la secte religieuse des Vaudois de Provence.

Abandonné de tous, Dolet était livré à l'intolérance de l'inquisiteur de la foi, Mathieu Orry, des docteurs de la faculté de théologie, et au servilisme du Parlement de Paris, présidé par l'exécrable Pierre Lizet. Comment faire face à une pareille ligue, excitée sans doute par de secrets ennemis? Tous ces juges, inquisiteurs, sorbonistes et conseillers à la Cour avaient à se plaindre de Dolet. Ils étaient irrités contre lui non seulement à cause de son indépendance, mais surtout parce qu'il les avait, au cours de sa carrière, attaqués sans ménagement et même injuriés, soit dans leur personne, soit dans leur fonction. Les uns et les autres allaient sans aucune miséricorde, lui faire expier ses critiques contre l'Inquisition, ses épigrammes contre les théologiens et les moines, ses discours contre le Parlement. L'occasion était bonne de frapper un écrivain peu respectueux envers l'orthodoxie et de faire un exemple.

Nous avons cité les principaux personnages

qui ont eu une influence heureuse ou malheureuse sur la destinée de l'humaniste. Nous ne rappellerons que pour mémoire le nom de quelques écrivains, contemporains de Dolet et qui ont injustement parlé de lui. Leurs critiques, acceptées dans la suite sans examen, ont causé un assez grave tort à sa mémoire.

Le savant Scaliger, étrangement jaloux et vaniteux, fut un de ceux qui, sans souci de justice, s'acharnèrent sur l'humaniste, vilipendant tout à la fois son caractère et son talent. Il faut nommer ensuite Angelus Odonus, obscur érudit, fervent admirateur d'Erasme; puis l'imprimeur Charles Estienne (1) et l'écrivain italien Floridus Sabinus (2).

Il appartenait à la postérité, d'ordinaire impartiale dans ses jugements, de faire, dans le recul du temps, la part de l'exagération, soit dans le blâme, soit dans l'éloge. Mais Dolet a eu cette suprême disgrâce d'être mêlé plusieurs siècles après sa mort, à des luttes de partis, de sorte qu'il a encore des amis et des ennemis. Les uns exaltent les jours dramatiques de son

---

(1) Sur Scaliger, Odonus et Estienne, pp. 40, 218 et 222.
(2) Fut secrétaire d'Albert Pie, prince de Carpi, général au service de François I*, et qui ensuite se fit moine. Dolet a composé l'épitaphe de ce prince (*Carminum libri quatuor*, IV, 23.)

existence ; les autres rééditent et parfois exploitent les malveillants écrits des Scaliger, des Odonus, des Estienne et des Sabinus. Ses partisans le louent au delà de ses mérites, et ses adversaires le noircissent au delà de ses défauts.

Extrêmes et contradictoires, les appréciations que l'on a portées sur Dolet pèchent par excès de passion et toutes s'éloignent de la vérité.

IV

SES CROYANCES

On répète communément qu'Etienne Dolet fut brûlé pour avoir fait profession d'athéisme. L'arrêt du Parlement de Paris ne le dit pas expressément. Il mentionne trois accusations distinctes : blasphème, sédition, exposition de livres prohibés et damnés. Ces termes sont généraux et peuvent s'interpréter de diverses manières. L'accusé blasphémait-il Dieu ou la religion? S'il blasphémait la religion, était-il révolté contre un point particulier de l'autorité de l'Eglise, contre un dogme, ou bien niait-il toute la révélation? Les juges de 1546 ne durent pas s'embarrasser de telles distinctions. Ils ne séparaient pas Dieu de l'Eglise, et la loi ne faisait aucune différence entre les athées et les hérétiques : elle les punissait de la même peine.

Au lieu d'argumenter sur la teneur d'une condamnation qui n'est pas explicite, il nous semble préférable de rechercher, autant que les documents le permettent, quelle fut, au point de vue religieux, la pensée de Dolet.

Pour le représenter comme un athée, on s'est contenté des affirmations de trois ou quatre de ses contemporains, Angelus Odonus (1), Floridus Sabinus (2) et Scaliger (3). Ces auteurs, après avoir copieusement médit de leur adversaire, ont prétendu qu'il était un athée. Cette épithète, inspirée par l'animosité, n'était qu'un surcroît d'injure. Ces critiques n'ont, d'ailleurs, invoqué à l'appui de leur assertion, ni les conversations de l'humaniste (ils vivaient tous loin de lui), ni quelque extrait de ses ouvrages.

Il y a cependant dans son œuvre deux passages au moins où l'on peut voir, non pas une déclaration formelle d'athéisme, mais l'indice d'une foi hésitante dans l'immortalité de l'âme.

---

(1) Lettre à Gilbert Cousin, secrétaire d'Érasme. *Opera Gilberti Cognati*, 1562. t. I, p. 313.
(2) *Lectiones successivæ*. 1589. Livre III, chap. IV.
(3) *Poetices*. 1561. Livre IV, p. 305.

Dans une ode latine à propos de la mort de son professeur, Simon de Villeneuve, il s'exprime ainsi :

« ... Es-tu désormais enseveli dans un sommeil éternel, et les ténèbres t'enveloppent-elles profondes au point que tu n'entendes plus le chant de mon deuil ? Mais poussés par l'amitié, nous chanterons, même si tu ne nous entends pas... Goûte l'éternel silence, l'éternelle paix. Et si les morts conservent quelque sentiment, ne repousse pas ma prière, aime-moi... » (1)

Dans un autre poème, intitulé *Expetendam esse mortem* (la mort est désirable), nous relevons ces pensées : « Ne frissonne pas devant la mort qui te délivrera de tout sentiment, ou bien qui te permettra de t'abriter dans des régions meilleures, de jouir d'une heureuse condition, à moins que l'espoir du ciel ne soit un leurre (2) ».

(1) *Orat. duæ in Thol.* I, 29 :
Jamne sopor te æternus habet, tenebræque profundæ
Tecum ut nunc frustra carmine mœstus agam ?
Quod nos cogit amor, surdo tibi forte canemus.
. . . .
Perpetuoque sile, perpetuoque vale.
Et si umbris quicquam est sensus, ne sperne rogantem,
Dilige....

(2) *Orat. duæ in Thol.*, II, 4, et *Carminum libri quatuor*. I, 15 :
Ne mortis horre spicula, quæ dabit
Sensu carere ; vel melioribus
Locis tegi, et statu esse læto
Elysii est nisi spes inanis.

L'humaniste était à peine sorti de l'adolescence lorsqu'il traduisait ainsi ses incertitudes sur la vie future. Mais rien n'autorise à croire que le doute l'ait conduit plus tard à la négation. Si l'on s'en rapporte à ses propres paroles, on découvre, au contraire, que le doute ne fut qu'une disposition d'esprit momentanée. Il est peu probable que les hauts dignitaires ecclésiastiques qui s'intéressèrent à Dolet jusqu'à son dernier procès, eussent osé donner des gages de leur faveur à un écrivain qui eût été unanimement considéré comme un athée. Cependant quelques-uns de ses adversaires essayaient de répandre ce bruit, et de peur qu'il s'accréditât, Dolet s'ingénia à multiplier les déclarations spiritualistes, avec des accents qui paraissent sincères.

« ... Non seulement, dit-il, dans la préface de *Caton chrétien*, mes actions et mon existence, mais encore mes paroles prouvent ma foi religieuse ».

Il parle ainsi à son fils Claude :

« Vis et te confie en Dieu... L'amour de la vraie religion contient tant de consolations ! Ne crois pas que l'âme s'éteigne avec le corps. Il y a en nous quelque chose d'origine divine qui subsiste après la destruction du corps et survit avec une éternelle jeunesse... Une part de nous-même retourne au royaume de notre Créateur, au royaume de Dieu : c'est là que les âmes immortelles ont leur principe... » (1).

Dans l'*Avant-naissance de Claude Dolet*, il traduit les mêmes idées en les précisant :

« En premier lieu, ta foy ce point tiendra
Qu'il est ung Dieu tout puissant et unique
En ses effects . . . .
. . . .
La mort est bonne et nous oste du val
Calamiteux : et puis nous donne entrée
Au Ciel (le ciel des âmes est contrée)
. . . .
. . . . Il ne fault avoir foy
A ceux disant (et ne sçavent pourquoy)
L'âme et le corps tous deux mourir ensemble.
. . . .
Croy (et est vray) que l'âme est immortelle
Et que de Dieu a pris son origine,
Qui ne meurt poinct, et que mort n'extermine

---

(1) *Genethliacum Claudii Doleti.*
    « Vive Deo fidens...
Religionis amor veræ fert commoda tanta.
Tu ne crede animos una cum corpore, lucis
Privari usura. In nobis cœlestis origo
Est quædam, post cassa manens, post cassa superstes
Corpora, et æterno se commotura vigore.
. . . .
Sunt nobis reditus ad regna paterna
Regna Dei : genus unde animi duxere perennes ».

De l'héritage où nous serons tous mys
Par le mérite (O divine clémence)
De Jésu-Christ : et en telle fiance
Meurs, quand plaira à Dieu d'icy t'oster
Où aultrefois luy a plu te bouter ».

Le traité « *De imitatione ciceroniana* » contient aussi plusieurs passages où l'auteur parle du Christ et de son caractère divin. Pour ne point trop allonger la monotonie des citations, mentionnons enfin que les derniers vers écrits par Dolet dans son cachot sont un hymne d'espoir :

Si au besoing le monde m'abandonne,
Et si de Dieu la volonté m'ordonne
Que liberté encores on me donne
    Selon mon vueil
Doibs-je en mon cœur pour cela mener dueil?
. . . .
Sus donc, esprit, laissez la chair à part
Et devers Dieu qui tout bien nous despart
Retirez-vous, comme à vostre rempart.
. . . .
Mais vous esprit, qui sçavez la parolle
De l'Eternel, ne suivez la chair folle;
Et en Celuy qui tant bien nous console
    Soit vostre espoir.
. . . .
Quant à la chair, il luy convient pourrir;
Et quant à vous, vous ne pouvez périr :

Mais avecq Dieu, tousjours debvez fleurir
Par sa bonté.

. . . .

Pourquoi douter que ces paroles inspirées à l'écrivain par le pressentiment de sa fin prochaine ne soient l'expression véridique de sa pensée intime ? Ceux qui voient approcher la mort ne se mentent pas à eux-mêmes et nous pouvons considérer le dernier chant de Dolet comme une sorte de testament moral.

Ce serait peu de savoir qu'il fut spiritualiste, si, ce premier point établi, nous ne recherchions les limites générales de sa foi. S'arrêta-t-il au pur déisme ? Fut-il chrétien, et s'il le fut, demeura-t-il catholique, ou bien manifesta-t-il quelque penchant pour la Réforme ?

Avant tout, il faut reconnaître qu'au XVIe siècle, catholiques et protestants l'ont rejeté de leur Eglise. Nous verrons que l'humaniste a fourni tour à tour aux deux partis autant de raisons de l'accueillir que de l'exclure.

Dolet a souvent dit qu'il réprouvait les doctrines luthériennes. A n'entendre que ses protestations, les catholiques auraient dû l'honorer comme un de leurs bons défenseurs. Ils lui ont, au contraire, suscité maints ennuis et furent satisfaits de le voir brûler.

Au cours de ses études de droit, à Toulouse, il composa deux odes à la Vierge Marie, et dans un discours retentissant (peu après imprimé) prononça ces mots : « Je déclare loyalement et hautement, et je vous adjure de me croire, que je n'ai rien de commun avec les hérétiques impies et orgueilleux, *que je ne hais rien plus que les erreurs nouvelles. Personne ne les condamne avec plus de vigueur que moi.* La seule religion qui me plaise est celle qui nous a été transmise de siècle en siècle... *à l'exclusion de toute autre je ne pratique et n'observe que celle que nos pères ont pratiquée* (1) ».

Au cours de son dialogue sur l'imitation cicéronienne, il insiste sur son attachement à l'orthodoxie et condamne tous les chefs du protestantisme : « A quoi ont servi, par tous leurs commentaires subtils sur les livres sacrés des chrétiens, Luther, Zwingle, Œcolampade, Bucer, Erasme, Mélanchthon, Lambert, Farel, et toute la tourbe des théologiens modernes ?... La condamnable curiosité des luthériens a

---

(1) *Orat. duæ in Thal.*, pp. 54 et 55.

ébranlé la dignité de la religion : ils ont fourni l'occasion de renier les choses les plus connues, et renversé les institutions divines pour en introduire d'humaines ; ils ont aiguisé la curiosité des imbéciles et des ignorants, et rempli d'orgueil les astucieux et les habiles (1) ».

Accusé en 1542 d'avoir imprimé des ouvrages d'auteurs protestants, il répondit à l'inquisiteur et à l'official de l'archevêque de Lyon « *qu'il n'avoit voulu ni vouloit soustenir auculne erreur, mais qu'il s'estoit toujours déclaré et déclaroit fils d'obédience, voulant vivre et mourir comme* un vray chrestien *et* catholique *dévoit faire, suivant la loy et la foy de ses prédécesseurs, sans approuver auculne secte nouvelle, ni contrevenir aux saints décrets et institution de l'Eglise...* (2) ». Il adhérait fermement au dogme de l'immortalité de l'âme, déclarait en outre que « *en tous et chacun des livres qu'il a composés et imprimés, tant de luy que d'après les aultres, et en ceux auxquels il a mis seulement les Epistres liminaires (préfaces), il n'avoit entendu ni entendoit qu'il y eut auculne*

---

(1) *Dialogus de imit. Cicer.* pp., 86 et 87.
(2) Procès d'Estienne Dolet.

erreur ou chose mal sentant de la foy et contre les commandemens de Dieu et de nostre mère sainte Eglise (1) ».

Dans une épître en vers au cardinal de Tournon (2), il affirme une fois de plus son zèle envers le catholicisme :

> Ma réponse est, pour le vous dire au vray
> Que j'ai vescu jusqu'icy et vivray
> Comme chrestien, catholique et fidelle.
> . . . .
> Fauteur ne suis d'hérésie, ou erreur :
> Livres maulvais j'ay en hayne et horreur,
> Et ne vouldrois en vendre, ou imprimer
> Ung seul feuillet pour la loy déprimer
> Antique et bonne : ou pour estre inventeur
> De sens pervers, et contre Dieu menteur.

Mais l'étude attentive de sa vie montre que toutes ces protestations de fidélité n'étaient pas très sincères. Elles sont plutôt des mesures de prudence que des actes de foi. L'écrivain avait le souci légitime de ménager l'autorité ecclésiastique qui disposait de la prison et du bûcher contre les indisciplinés. La censure veillait sur toutes les productions de l'esprit et pour pouvoir écrire et imprimer sans être en

---

(1) Procès d'Estienne Dolet.
(2) *Le Second Enfer.* Lyon (1544).

butte à trop de tracasseries et de dangers, Dolet était contraint de faire au moins en apparence, des concessions. Sa soumission est de pure forme. Au fond, les pratiques et les rites religieux le laissent assez indifférent. Le procès de 1542 nous apprend qu'il faisait gras en carême et qu'il remplaçait la messe par la promenade. Dans les ouvrages même où il prend la précaution de dire qu'il révère les décrets de l'Eglise, il feint de les ignorer. Par exemple, il s'insurge contre le culte des saints et place dans les commandements ce précepte « tu ne feras point d'image taillée ». Sur un article capital, le dogme des récompenses et des peines éternelles, sa conviction est flottante. Tantôt il incline vers le fatalisme, semble croire à la prédestination (1) et tantôt il proclame que nous serons *tous* rachetés par les mérites du Christ :

> Croy. . . . .
> . . que mort n'extermine
> De l'héritage où nous serons tous mis
> Par le mérite (O divine clémence)
> De Jésu-Christ . . . . (2).

Les deux odes qu'il composa en l'honneur de la Vierge Marie ne doivent pas être citées

---

(1) Voir p. 65.
(2) L'Avant-naissance de Claude Dolet.

comme une preuve de foi. Ce sont des exercices poétiques plutôt que des oraisons jaillies du cœur. Il les écrivit en vue d'obtenir un prix au concours des jeux floraux à Toulouse. Les juges étaient de fervents catholiques et Dolet fut inspiré dans le choix du sujet de ses pièces par le désir de plaire aux dévots mainteneurs. Il savait que les fleurs étaient réservées à la versification pieuse. Malgré tout, il ne sut puiser son inspiration qu'aux sources païennes et ne parvint pas à donner l'illusion de sentiments qu'il ne ressentait pas.

Une satire en vers latins, insérée dans les *Carmina* (1) exprime, dans un langage à peine déguisé et singulièrement téméraire dans ce temps-là, que Dolet n'ajoutait aucune foi aux enseignements des théologiens et peut-être aussi des ministres de l'Eglise. En réalité, il ne désigne personne, mais les allusions sont transparentes. On peut y voir une attaque indirecte contre la religion révélée.

Ce qui me fait le plus rire.

« La nombreuse engeance des niais et des sots m'amuse infiniment, mais rien ne me divertit mieux que la stupidité de ceux qui parlent

(1) Carminum libri quatuor. 1, 25 « Quid maxime rideat ».

(*habent sermonem*) toujours des dieux, comme s'ils étaient leurs parents ou les familiers du ciel de Jupiter, et qui vous enseignent comment on gagne le ciel et comment on est englouti dans les ténèbres de l'enfer. Race imbécile et insupportable. C'est à croire qu'ils se sont assis à la table de Jupiter et des dieux, pour nous révéler ainsi les célestes décrets (*Cœlestia*) (1) ».

Dans le même recueil des *Carmina*, il publia encore deux épigrammes qui durent faire scandale dans le monde des couvents. Depuis le trouvère Rutebeuf, la verve des écrivains s'était souvent exercée sur les moines. Mais, selon le penchant naturel de l'esprit français, et peut-être aussi par prudence, la critique se dissimulait dans la saillie et ne semblait dénoncer que des abus exceptionnels, telle, la ballade du frère Lubin, de Clément Marot. Dolet abandonne le ton léger de la chanson et blâme les mœurs des réguliers sans employer le plus léger déguisement oratoire. Dans une première épigramme latine « *Contre un défroqué* (2) », il

---

(1) Parlant des philosophes, dans l'Eloge de la folie, Erasme a dit de même : « On dirait qu'ils sont dans la confidence des architectes des mondes et qu'ils arrivent en droite ligne de leur conseil ».

(2 *Orat. duæ in Thol.* (Carminum libri duo. II, 9).

dit que sous l'habit monacal se cachent bien des fourbes et des gens adonnés au vice. Dans une seconde pièce (1), il généralise et fait le procès de tous les moines de son temps, avec une violence de termes et une lourdeur de traits qui font regretter l'ironie, même la moins fine, de Marot et de Rabelais :

« La troupe des porteurs de capuchons courbe la tête et ne cesse de répéter « nous sommes morts au monde ». Cependant il mange beaucoup ce bétail (*pecus*), et ne boit pas trop mal; il ronfle, enseveli dans l'ivresse, sacrifie à Vénus et goûte en parasite à toutes les voluptés. Est-ce bien là être mort au monde ? Il faut l'entendre autrement. Morts au monde, par Hercule, ils le sont, les porteurs de capuchons, parce que sur la terre ils ne représentent qu'un poids stérile et ne servent à rien, si ce n'est à la scélératesse et au vice (*scelus et vitium*) (2) ».

---

(1) Carminum libri quatuor. I, 17 — « De cucullatis ».

(2) Cette épigramme déplaît par sa violence. Cependant les documents de l'époque sont unanimes à signaler les débordements du clergé. Le Cordelier Ménard déplore lui-même les excès de toutes sortes des moines de son ordre (voir : Déclaration de la règle et état des Cordeliers, rapportée par Henri Estienne dans l'apologie pour Hérodote, II, 185). L'indiscipline et la corruption étaient si générales que le pape Léon X fut obligé de reconnaître le mal et essaya d'y porter remède. Dans le Concordat de 1515, un chapitre

D'aussi pesantes attaques, qui se prolongeaient avec une extrême liberté de langage dans la conversation, ne pouvaient que le désigner aux coups d'un parti puissant. L'indépendance peu déguisée de l'humaniste vis-à-vis de quelques dogmes ou pratiques du catholicisme, acheva de tourner contre lui les autorités ecclésiastiques, et en dépit de ses ferventes protestations, il eut de bonne heure la réputation d'un ennemi du culte catholique.

Rejeté par l'Eglise romaine, il ne fut guère mieux traité par les partisans de la Réforme. Certains actes de son existence ont pu cependant faire supposer, à tort, croyons-nous, qu'il inclina vers le protestantisme. Jusque vers 1544, il déclara plusieurs fois, ainsi que nous le savons, qu'il condamnait les théories nouvelles ; mais à partir de cette date, la moitié environ des livres qui sortirent de ses presses, furent des ouvrages de tendances protestantes, ou tout au moins écrits par des amis de la Réforme. Il a ainsi édité : l'*Exhortation à la lecture de*

---

spécial « *Des publiques concubinaires* », édicte des pénalités contre les ecclésiastiques, qui, après avis et réprimande, s'obstineraient à entretenir publiquement des maitresses.

Le chancelier Michel de l'Hôpital lui-même, si modéré et si tolérant, a écrit une satire indignée sur les mœurs du clergé au xvie siècle.

la Sainte-Ecriture; les *Epîtres et Evangiles des 52 Dimanches*, de Lefèvre d'Etaples ; *le Manuel du chevalier chrétien*, d'Erasme, traduction de Louis de Berquin ; *Les psaumes du prophète David ; Les louanges du saint nom de Jésus*, de Victor Brodeau ; *Le vrai moyen de bien et catholiquement se confesser*, d'Erasme, etc. Non seulement, il a assumé la publication de semblables traités, mais il les a ornés de préfaces élogieuses : « *Il a mis, au devant, des épîtres liminaires excitatives à la lecture d'iceulx* (1) ». Enfin il a imprimé en langue vulgaire, c'est-à-dire en français, le *Nouveau Testament* et le *Sommaire du vieux et du nouveau Testament*. Il n'eut pas le loisir de faire paraître la *Bible* tout entière, ainsi qu'il l'avait annoncé.

Il est très exagéré, selon nous, de voir dans ces publications un désir évident de favoriser la Réforme. Dolet s'était établi imprimeur pour assurer son existence et celle de sa famille; il ne devait donc rien négliger en vue de réussir dans cette profession. Or, les livres religieux étaient en grande vogue. En les éditant, Dolet faisait surtout acte de bon commerçant, sou-

---

(1) Procès d'Estienne Dolet.

cieux d'étendre ses affaires. Quant aux préfaces qu'il donnait à ces sortes d'ouvrages, elles sont au moins autant le fait de l'imprimeur désireux de vendre ses livre que de l'écrivain et du savant, satisfait de voir appliquer des méthodes critiques à la tradition et à l'autorité. Un des amis de l'humaniste, Bonaventure Despériers, est allé plus loin que lui dans cette voie. Il versifia la *Bible* et se chargea de rédiger les tables de la traduction française des Ecritures d'Olivétan (1535), ce qui ne l'a point empêché de composer le *Cymbalum mundi* qui le révèle sinon comme un athée, du moins comme un adversaire de tous les rites religieux. Dans le livre deuxième, il ridiculise notamment les théories des chefs de la Réforme.

Les protestants contemporains de Dolet ne se sont, d'ailleurs, jamais avisés de prétendre qu'il était de cœur avec eux, ce qu'ils n'auraient point manqué de faire, s'il y eût eu quelque apparence. Au contraire, l'humaniste ne manifesta en aucune occasion le désir de combattre au profit des idées luthériennes. Il ne fréquenta nulle part les assemblées de la Réforme (1), et

---

(1) Il faut remarquer qu'au temps de Dolet, la Réforme n'était pas encore une Église solidement constituée. Elle avait plutôt des chefs et des apôtres que des ministres ou pasteurs.

s'il fut blâmé, au procès de 1542, pour avoir préféré « le sermon à la messe », on ne lui reprocha point d'avoir même une seule fois assisté au prêche. En 1544, s'étant évadé de prison, il quitta précipitamment la France; mais il se retira jusque dans le Piémont, au lieu de chercher, comme Clément Marot, un refuge à Genève, citadelle protestante.

Dolet qui n'était pas assez docile pour plaire à un parti religieux, devint ainsi antipathique aux catholiques et aux protestants (1). Les uns et les autres ne virent dans sa conduite et dans ses écrits que des contradictions inexplicables, et furent également irrités. C'est ainsi que quelques années après son supplice, Calvin (2) et le cardinal de la Bourdaisière (3), ont fulminé, à propos de ses opinions religieuses, en termes à peu près identiques.

Ni l'une ni l'autre de ces excommunications

---

(1) Théodore de Bèze, ayant composé une épitaphe à la louange de Dolet, l'inséra dans la première édition des *Juvenilia*. Mais il crut devoir retrancher cette pièce après être passé au calvinisme.

(2) *De Scandalis*, 1551, p. 78.

(3) Voir une lettre que le cardinal Philibert Babou, dit « de la Bourdaisière », évêque d'Angoulême, puis d'Auxerre, adressa le 28 mai 1562 à Bernardin Bochetel, évêque de Rennes. Cette lettre est citée en entier par le *Laboureur* dans les additions aux mémoires de Castelnau (Paris, 1569, t. I, p. 355).

n'étaient complètement injustes. En effet le catholicisme, en majeure partie hostile, en France, à la résurrection du goût et du savoir antiques, n'avait, pas plus que la Réforme, séduit Dolet. Les méthodes d'investigation et de discussion qu'employait le protestantisme lui plaisaient sans doute, mais il ne s'arrêtait pas aux conclusions dogmatiques que le parti nouveau proposait au nom du jugement et de la raison. Sa pensée allait au-delà de la Réforme.

Il ne voyait dans les catholiques et les huguenots que deux partis aux prises, et qui tombaient dans les mêmes excès. La liberté qu'il aimait tant, n'existait pas plus à Genève qu'à Paris. L'Inquisition persécutait les hérétiques ; mais, partout, où ils étaient les maîtres, les protestants apportaient le même esprit d'intolérance. Luther pousse ce cri féroce : « Gagnez le ciel à coups de glaive, montez à Dieu sur des montagnes de cadavres ». Calvin reprend pour l'aggraver la thèse de Saint-Paul et de Saint-Augustin sur la prédestination ; puis, en sombre despote, il établit à Genève un lugubre gouvernement théocratique. Quelques mois avant le supplice de Dolet, il annonçait l'intention de faire condamner à mort le médecin

Michel Servet (1), et réalisait sept ans plus tard ce sinistre dessein (2). Gustave Wasa, en Suède, traite les catholiques comme des rebelles et ordonne de les massacrer. Henri VIII d'Angleterre se signale par de semblables cruautés, tandis que les écrivains protestants chantent ses louanges ; il n'épargne même pas le grand chancelier Thomas Morus et laisse décapiter ce sage, simplement coupable d'avoir refusé de prêter serment au roi, institué chef de la religion. Christian II, de Danemark, et son successeur Frédéric Ier, commandent en masse des exécutions de catholiques.

Ces stériles et lamentables querelles ne pouvaient plaire à l'humaniste. Au lieu de s'enrôler dans l'un ou l'autre camp, il eut le désir de se tenir à l'écart. Il le dit expressément dans une lettre à son ami Guillaume Scève. Se trou-

---

(1) Lettre adressée le 15 juin 1546, par Calvin au réformateur Guillaume Farel.

(2) La liste des victimes du fanatisme de Calvin est longue à établir. Avant ou après Michel Servet, il fit mettre à mort pour délits d'opinions, Gruet, Antoine d'Argillères, Mounet, Valentin Gentilis, etc. Denis Billonnet fut marqué d'un fer chaud. Antoine Narbert qui, en état d'ivresse, avait injurié Calvin, eut la langue percée. Clément Marot, pour avoir joué une partie de dés avec son ami Bonnivard dut s'enfuir de Genève. Les condamnés au bannissement sont légion : Jérôme Bolsec, Mathieu Gribaldo, Tellot, Robert le Tourneur, Mathieu Antoine, Georges de Blandrète, Thivent Bellot, Hippolyte de Carignan, Nicolas Gello, Faust Zucchi, Aymé Maigret, Henri de la Mare, etc.

vant à Paris, au cours des exécutions qui suivirent l'affichage de placards protestants sur les murs de la ville et aux portes même du Louvre (nuit du 17 au 18 octobre 1534), il s'exprime ainsi au sujet de la répression qui fut terrible : « *Je ne suis que spectateur dans ces tragédies.* Je plains d'une part, le sort de quelques uns, je déplore leur perte, et d'autre part, je ris de la sottise de ceux qui exposent leur vie par un ridicule entêtement et une obstination insupportable (1) ».

Dolet réprouvait donc ceux qui sacrifiaient leur vie à leurs croyances, et appelait entêtement et obstination, l'inébranlable fermeté que donne une foi profonde. Au fond de toutes les luttes religieuses, il voit surtout des questions de mots qui ne méritent pas que l'on se jette dans de grands dangers. C'est pourquoi, lorsqu'il fut sur le point d'être condamné, en 1543, il n'hésita pas à rétracter tout ce qui, dans ses écrits ou dans sa conduite, paraissait contrevenir aux décrets de l'Eglise.

(1) Lettre insérée en tête du *De imit. cicer. adversus Erasmum.*

II

Après avoir établi que Dolet ne fut pas un athée, on risque de s'égarer en voulant mieux préciser ses opinions. Peut-être n'en eut-il pas de strictement arrêtées. Ses déclarations contradictoires le font au moins supposer. Cependant nous savons qu'il a composé un traité, le *De opinione*, où il dissertait sur la nature et la destinée de l'âme, ainsi que sur les différentes manières de rendre hommage à Dieu.

Cet ouvrage est perdu, et nous ne croyons pas qu'il faille beaucoup le regretter.

Dans une lettre adressée, en mars 1537, à l'évêque Jean de Pins, le poète Jean Voulté parle du *De opinione*, comme d'un livre en préparation (1); Dolet dans le tome second des *Commentaires latins* (2), paru vers février 1538, mentionne que ce traité est terminé. Il faut donc placer la composition du *De opinione* dans le courant de l'année 1537. Or, l'auteur dut, cette année-là, employer le meilleur de son activité intellectuelle et physique à se faire absoudre d'un meurtre fortuit, puis à

---

(1) Préface du livre III des *Epigrammata Joannis Vulteii*.
(2) Colonne 414.

terminer et à publier le deuxième volume des *Commentaires*. Ce traité n'a donc pu être, selon toute apparence, ni longuement ni fortement médité. C'était, sans doute, un simple opuscule, œuvre d'humaniste bien plus soucieux de belle latinité que de spéculations métaphysiques. Si d'aventure, le *De opinione* venait à être retrouvé, nous pensons qu'il n'offrirait que peu d'intérêt et ne nous livrerait pas, au point de vue spécial qui nous occupe, la pensée intime de Dolet. Nous n'y trouverions probablement que des dissertations ingénieuses, mais à dessein générales et vagues. Il était trop dangereux au xvi° siècle de divulguer des opinions lorsqu'elles ne coïncidaient pas étroitement avec les doctrines orthodoxes. Or, nous n'avons vu nulle part que la censure ecclésiastique se soit exercée contre le *De opinione*.

Quelles que soient l'indécision ou les réticences de Dolet en matière théologique, n'est-il pas possible de former quelques conjectures, qui semblent se dégager d'une étude attentive de sa vie et de ses écrits?

A dix-huit ans, il alla compléter ses études à l'université de Padoue. Il y séjourna environ trois années. Cette ville était le rendez-vous d'un grand nombre de savants, de philosophes, de lettrés et de poètes. La plus grande liberté intellectuelle y régnait et les doctrines les plus hardies y étaient publiquement enseignées. Les chaires étaient doubles : elles comprenaient un professeur et un contradicteur. L'école philosophique de Padoue se réclamait d'Averroès (1); sous le couvert du grand Commentaire, elle reprenait les théories panthéistes, affirmant l'unité de l'intellect pour tout l'univers, et soutenant qu'après la mort, l'âme retourne se perdre en Dieu.

Le plus illustre maître de l'école de Padoue, au commencement du xvɪᵉ siècle, Pierre Pomponazzi (2), inclina sinon vers le sensualisme et le matérialisme, du moins vers un scepticisme partiel. Il se sépara des commentateurs dogmatiques de la tradition péripatéticienne et entrevit la méthode historique et critique. Il professa que notre faculté de connaître a des

---

(1) Illustre philosophe et médecin arabe du xɪɪᵉ siècle. Son grand commentaire sur Aristote a fait longtemps autorité.

(2) Né à Mantoue, en 1462, mort à Bologne, en 1525. Ses principaux ouvrages (écrits en latin) sont : *De l'immortalité de l'âme* (1516), *Des incantations et des miracles* (1520), *De la destinée* (1520). Le nom de Pomponazzi a été souvent francisé en Ponponacc ou Pomponat.

limites et que la raison est impuissante à prouver l'immortalité de l'âme. Il déclara le problème « neutre et insoluble », à cause des raisons contraires qui se font équilibre (1). Cependant, par prudence, il feignait d'accorder que l'ordre théologique est indépendant de l'ordre philosophique, et il énonçait, en conséquence, que la foi peut accepter ce que la raison a rejeté. En réalité, Pomponazzi, dont les leçons attiraient une foule d'auditeurs (2) qui discutaient avec passion et amplifiaient ses enseignements, mettait en cause les principes mêmes de la religion et fournissait des arguments aux incrédules. A en croire Renan, « la philosophie italienne se dégageant des discussions abstraites du moyen-âge, en était venue à se résumer dans quelques questions d'un matérialisme fort simple : que l'immortaité de l'âme a été inventée par les législateurs pour maintenir le peuple, que le premier homme s'est formé par des causes naturelles ; que les effets miraculeux ne sont que des impostures ou des illusions ; que la prière, l'in-

---

(1) Louis-Ferri. *Pietro Pomponazzi* (Rome 1877).

(2) Nicéron, t. 36. Plusieurs auditeurs enthousiastes de Pomponazzi ont laissé un nom : Contarini, Niphus, Jules-César Scaliger, Paul Jove, Hercule de Gonzague, Sperone Speroni, etc...

vocation des saints, le culte des reliques sont de nulle efficacité... Cet averroïsme des hommes du monde, ajoute-t-il, est bien celui de Pomponazzi (1) ».

Il est certain que Dolet ne vécut pas trois ans dans un milieu où dominaient de telles idées sans en ressentir quelque impression. Nous ne disons point qu'il les ait adoptées, mais on peut assurer qu'elle ne furent pas sans influence sur lui. Il se trouvait, en effet, à un âge où l'esprit se laisse vivement toucher, et les idées qu'il reçoit peuvent retentir sur le reste de l'existence.

C'est de son séjour à Padoue que datent les vers latins que nous avons cités au commencement de ce chapitre (p. 297), et dans lesquels il manifeste des doutes sur la résurrection. Il se demande si les morts « dorment d'un éternel sommeil et n'entendent plus les prières des vivants ». Il pense que la mort est un heureux état, et pose ce dilemme : ou bien, *elle permet de ne plus rien sentir (sensu carere)*, ou bien, *elle est un passage à une vie meilleure (melioribus locis)*. Mais il ajoute : *à moins que*

---

(1) Renan. *Averroès et les doctrines de l'averroïsme.*

l'espoir du ciel ne soit un leurre. (Elysii est nisi spes inanis).

Ces quelques mots pourraient faire classer leur auteur parmi les sceptiques, si l'on ne trouvait postérieurement dans ses ouvrages des déclarations spiritualistes d'apparence sincère.

Mais que de contradictions, lorsqu'il essaie de dégager la formule de son spiritualisme ! Ainsi, d'une part, il croit au Christ (les mérites du Christ, dit-il, rachèteront tous nos péchés) (1), tient pour des réalités *le gouffre d'enfer, et le ciel, contrée des âmes* (2), et d'autre part, lorsqu'il développe sa pensée sur l'immortalité de l'âme, il nous présente une immortalité qui n'a rien de commun avec les dogmes chrétiens.

Dans une importante glose sur le terme *mors* (3), il semble consentir à l'émiettement définitif de l'organisme et ne se préoccupe nullement d'une vie supérieure de l'âme. Il fait consister l'immortalité dans la mémoire des hommes.

Les mortels ne se survivraient que dans le souvenir des mortels, en laissant l'exemple d'un

---

(1) L'Avant-naissance de Claude Dolet.
(2) *Ibidem.*
(3) *Comment. de la langue latine*, t. 2, col. 1762 et 1763.

grand nom, *s'étant assurés*, dit Dolet, *une gloire éternelle soit dans le métier des armes, soit dans la littérature.*

Voilà une immortalité assez paradoxale, tout extérieure et impersonnelle, exposée à mourir avec le genre humain. Elle n'est, d'ailleurs, accessible, selon la restriction même de l'humaniste, qu'aux soldats et aux écrivains illustres. Eux seuls peuvent *conquérir la mort*. Quant à la foule, elle passe et se fond, anonyme, dans un mystérieux au-delà. Il faut remarquer aussi que Dolet ne parle pas des œuvres morales ; il oublie ou néglige de dire si pour l'immortalité, elles ont la valeur qu'il attribue aux actions d'éclat et aux œuvres intellectuelles. De telle sorte qu'au sens où il entend la survie, on est fondé à croire qu'un heureux général ou un homme de lettres valent mieux qu'un grand saint.

Dans cette façon de comprendre l'immortalité de l'âme, on retrouve un des traits dominants du caractère de l'auteur : l'amour de la gloire. Il en fut possédé à tel point qu'entre ces deux alternatives, ou une bruyante immortalité dans la mémoire des hommes, ou une place obscure dans le ciel chrétien, nous pensons qu'il n'eût pas hésité.

Le spiritualisme de Dolet n'est donc ni systématique, ni mystique. L'absolu et l'infini le tourmentent peu. Pourquoi la vie ? Pourquoi la la douleur et la mort ? Qu'est-ce que la conscience ? L'examen de ces questions ne le tente guère et il paraît aussi peu attentif aux réponses de la révélation qu'à celles de la philosophie.

Il n'est captivé que par la réthorique et l'érudition pure. C'est avant tout un humaniste, un lettré, qui se désintéresse des dogmes, parce qu'ils n'offrent aucune matière à la culture de l'esprit, et qui dédaigne aussi les spéculations métaphysiques, parce qu'elles touchent à des sujets qui dépassent infiniment les forces de l'intelligence. C'est pourquoi, s'il écouta, à Padoue, les discussions philosophiques qui étaient en honneur dans cette université, il ne suivit bien assidûment que des cours d'éloquence latine, avec le maître Simon de Villeneuve.

Le goût des belles-lettres domina sa vie et l'on peut dire que les humanités furent sa véritable religion. Il s'est réfugié dans l'étude des anciens. Il a analysé leurs œuvres, ligne à ligne, avec une passion jalouse, et s'en est tellement pénétré que l'officialité de Lyon a pu lui adresser le plaisant reproche d'être un auteur païen. Il s'était permis d'employer le mot *destinée* dans le sens de *fatalité, d'ordre éternel des choses*, et disait indifféremment pour nommer Dieu « Deus » ou *Dii immortales, superi*. Ainsi à la fin du Genethliacum, il demande *aux dieux* de protéger son fils (1).

Cet érudit, nourri de pensée antique, est-il donc le disciple de quelque grand philosophe païen? Il n'a rien emprunté à la verve sceptique de Lucien. Il a aimé Platon, mais son influence paraît bien peu dans ses ouvrages. Il n'a retenu de Lucrèce que son discours contre la superstition. Plus amoureux de la forme que de la profondeur des idées, il s'est principalement attaché au plus disert des auteurs anciens. Cicéron a été son maître, son guide, presque son évangile. Il s'est imprégné de sa pensée et la philosophie de Dolet est comme un écho lointain des dissertations élégantes, mais superficielles, de l'orateur romain.

Les opinions religieuses ou philosophiques de l'humaniste offrent, en somme, peu de con-

---

(1) Il ne faut voir évidemment dans ces expressions païennes qu'un procédé littéraire, familier aux humanistes. Des hommes d'Église, Bembo et Sadolet, secrétaires du pape Léon X, se sont souvent servis de ces mots : *Per Deos atque homines*. Le bullaire et les Regesta de Léon X renferment nombre d'expressions païennes.

sistance et nous ne pouvons les rapprocher des théories d'aucun de ses contemporains.

Dolet fut ami intime de Bonaventure Despériers, mais rien dans ses écrits ne fait songer à cette spirituelle critique des religions, qui a pour titre *Cymbalum mundi.* Il est à peu près certain qu'il lut l'admirable *Utopie*, de Thomas Morus, qui trace le plan d'une république idéale, où notamment tous les cultes sont tolérés. Nous n'avons point découvert que cette généreuse hardiesse ait profondément impressionné Dolet. Sa protestation contre le supplice de Jean de Caturce fut une action courageuse mais sans prolongement. Elle ne le conduisit pas jusqu'à la grande idée de la tolérance et l'on crut entendre un langage tout nouveau lorsque de sa belle voix magnanime, le chancelier Michel de l'Hôpital s'écria : « Otons ces mots diaboliques, noms de partis et de séditions, luthériens, huguenots, papistes : ne changeons le nom de chrétiens (1) ».

(1) Discours d'ouverture des Etats-Généraux de 1559. C'était bien la première fois que de telles paroles étaient prononcées par un personnage *officiel*. Mais il faut ajouter que trente-cinq ans auparavant, dans son traité *La déclamation de la paix*, Louis de Berquin avait tenu le même langage : « Saint-Paul ne veut ouïr entre chrétiens ces paroles : « Je suis Appolose, je suis Céphe, je suis Paulin, je suis sorboniste, je suis luthérien », comme aujourd'hui aucuns disent : « Je suis cordelier, je suis jacobin, je suis bernardin »,

Il a connu Michel Servet, qui était en 1535, correcteur d'imprimerie à Lyon, et qui, avec le secret désir de ramener l'Eglise à sa primitive pureté évangélique, commençait l'ébauche de ses doctrines, mélange de néo-platonicisme et de christianisme. Mais l'humaniste ne semble avoir prêté aucune attention aux rêveries théologiques de Servet, dont il n'a parlé nulle part.

Est-il enfin bien utile de remarquer que le scepticisme souriant de Montaigne ne doit rien à Dolet.

Dans tout le xvi⁰ siècle, Erasme, seul, pourrait peut-être présenter quelques points de comparaison avec notre humaniste, en ce qui touche les opinions religieuses. Le savant hollandais, maître incontesté des humanistes, ne se mit, en effet, au service d'aucun parti ; il écrivit ses *Dialogues* contre les moines, et aussi le traité *Du libre arbitre* contre les luthériens.

Seulement, d'Erasme à Dolet, il y a presque la différence du génie au talent.

---

comme si c'était trop peu de dire : « Je suis chrétien ». Cette proposition relevée contre Louis de Berquin, contribua à le faire brûler comme hérétique en 1529.

Elevé dans la religion catholique, mais ébloui par l'antiquité païenne, Dolet fut l'homme de deux civilisations (1). Elles s'unirent si intimement en lui qu'il est chimérique de vouloir faire la part exacte de l'une et de l'autre.

L'humaniste n'a rejeté ni accepté résolument les dogmes chrétiens. Il n'a affirmé bien sincèrement que sa croyance en Dieu et s'est arrêté sans doute à cette religion dite naturelle, dont le rite essentiel est de bien faire. Du moins, une déclaration de Dolet donne quelque consistance à cette hypothèse. Répondant à un de ses adversaires, Floridus Sabinus, qui l'accusait d'irréligion, il a, en effet, laissé entendre qu'il suffit de pratiquer le bien pour mener une vie chrétienne (2).

(1) Cette dualité est commune chez les humanistes, et plusieurs ont essayé de mettre d'accord leur foi et leur amour passionné de l'antiquité. Marsile Ficin, Nicolas de Cusa, Pic de la Mirandole, Reuchlin, Juste Lipse, etc..., se sont efforcés de concilier les dogmes chrétiens, soit avec la doctrine de Pythagore, soit avec celle de Platon, d'Aristote, ou encore avec la philosophie stoïcienne.

(2) *De imit. cicer. adversus Sabinum*, p. 41.

CONCLUSION

La Renaissance trouva dans la pensée antique les éléments d'une vie meilleure. En opposant une tradition à une autre tradition, elle préparait la liberté de la pensée, source de l'émancipation physique.

Dans ce grand mouvement, les humanistes jouèrent un rôle modeste, mais utile. Dolet doit être placé parmi eux, au-dessous d'Erasme et de Budé, à côté de Scaliger et de Robert Estienne. Il s'efface comme poète, philosophe et historien, mais comme érudit, il mérite au moins de ne pas tomber dans l'oubli.

Certes, il brigua une gloire plus haute et crut en être digne. Il s'est essayé dans les genres les plus divers : éloquence, poésie lyrique et satirique, philosophie, traduction, histoire, philologie, grammaire et polémique. L'applaudissement de ses contemporains lettrés le confirma dans l'opinion orgueilleuse qu'il égalait les premiers esprits de son temps et qu'il pouvait réussir dans tout.

Cet enthousiasme pour le génie de Dolet était vraiment exagéré. La postérité n'y a pas souscrit : dans l'examen de ses ouvrages, elle n'a découvert qu'un talent honorable ; mais elle a observé que ce talent interrompu trop tôt, traversé de longues captivités, s'était exercé au milieu d'agitations et de tracas continuels.

Comme poète, Dolet n'a droit qu'à une place secondaire. Il est éclipsé par la grâce alerte et l'esprit de son ami Clément Marot. Ses vers nous paraissent froids et dénués de couleur. Il manque d'originalité et d'inspiration. Sa muse eut cependant une qualité négative : elle ne chanta rien de licencieux, et résistant au goût général de l'époque, évita les propos gaillards. Même dans les pièces légères, elle conserve toujours quelque chose de sérieux qui nuit alors à son charme. Cela ne signifie point que Dolet n'ait pas eu parfois le mot cru et même grossier, mais on chercherait vainement dans son œuvre une de ces épigrammes obscènes qui abondent chez Marot.

Ses poésies latines sont plus harmonieuses et de tour plus élégant que ses vers français. Mais leur mérite désuet ne saurait plus être apprécié que par un nombre restreint de lettrés.

L'humaniste aborda la philosophie morale. Il y fut peu profond et, comme en poésie, sans originalité. Il disparaît à côté de Montaigne et n'approche point de Charron.

En philosophie sociale, il ne compte pas. Il a bien écrit quelques pages sur les progrès de la civilisation et quelques tirades sur l'émancipation de l'esprit humain, mais ces généralités n'annonçaient nullement la « République » (1) de Bodin et ne contenaient pas en germe le cri de liberté politique de La Boëtie (2).

Dolet a sans doute contribué à l'affranchissement de la logique, mais par voie indirecte. L'étude de l'antiquité n'a émancipé sa pensée que d'une manière incomplète. Il a cru que les anciens avaient fait le tour des idées et trouvé les formes définitives. Captif de leur beauté, il n'a songé qu'à la copier. N'a-t-il pas enseigné

(1) Cet ouvrage parut en 1577.
(2) Discours sur la servitude volontaire (1548).

que le comble de l'art pour un écrivain consistait dans l'imitation étroite de Cicéron !

Plus attaché à la forme qu'à l'idée, il proposait une *réaction* au lieu d'une *révolution* dans la dialectique, de sorte que Ramus parut hardi et nouveau lorsqu'il s'avisa « de socratiser un peu », après s'être aperçu que Virgile, Sénèque et surtout Platon avaient négligé les règles d'Aristote, « se rapportant à la raison plutôt qu'à l'autorité ».

Les deux discours qu'il prononça à Toulouse vers 1534 et qu'il fit peu après imprimer, ne suffisent pas, avec ses deux dialogues cicéroniens, à le faire reconnaître comme orateur ou polémiste de grand talent. Ils traitent, d'ailleurs, de sujets trop particuliers et ont le défaut, pour les lecteurs modernes, d'être écrits en latin. Les pamphlets religieux ou politiques de la fin du xvie siècle ont une allure et un souffle autrement nerveux et puissants.

Il est difficile d'accorder une place à Dolet parmi les historiens. Sa brève relation (en vers latins et en prose française) du règne de François Ier n'est qu'un froid récit, un exercice peu captivant de rhétorique. Le xvie siècle a produit d'intéressants mémoires ; il n'a eu qu'un seul historien, Jacques-Auguste de Thou. Quelque imparfaite que soit « l'Histoire de son temps », de Thou fait ressortir, au moins, par le sérieux de sa méthode et de sa documentation, l'insuffisance de Dolet dans les récits historiques.

Dans ses traductions, il a réussi à saisir et à restituer fidèlement la pensée contenue dans les textes, mais avec une langue imparfaite, pauvre et sans agrément. Il n'appartenait qu'au savant Amyot de se survivre dans ce genre.

Il y a des auteurs qui subsistent par la forme qu'ils ont donnée à leurs pensées, plutôt que par la valeur même de ces pensées. Il faut convenir que Dolet n'est pas de ceux-là.

Son style n'est ni assez vif et abondant, ni assez vigoureux et coloré pour lui assurer un rang important parmi les écrivains de son époque. Il eut l'imagination assez pauvre et ne sut pas se dégager assez de la syntaxe latine. Cependant notre syntaxe s'affermissait et la langue française était presque formée. Il dédaigna de mettre la langue populaire à contribution, puisa dans un vocabulaire restreint et ne sut pas, malgré de l'habileté et du travail, éviter la monotonie. Il a interprété avec trop de sécheresse la tradition classique. Ainsi, les idées de son ami Rabelais lui plaisaient, mais il goûtait beaucoup moins son style, à ses yeux plus vulgaire que savoureux. Il eût aimé Montaigne, mais les *enluminures du gascon* lui eussent paru des libertés irrespectueuses plutôt que des bonheurs d'expression.

L'amour du latin ne l'a pas empêché d'estimer le français, mais il n'osa se permettre les nouveautés hardies ou naïves qui, en dehors des idées elles-mêmes, auraient pu donner à ses écrits un charme durable. C'est pourquoi son style de transition a eu peu d'influence sur le génie de notre langue.

Ni profond philosophe, ni grand poète, ni styliste original, Dolet fut avant tout un *humaniste*, un érudit, un passionné d'antiquité gréco-latine.

C'est trop dire que de le désigner comme un précurseur des encyclopédistes. Çà et là, il affirme sa foi dans l'avenir et dans la science; il proteste contre la tyrannie et croit au progrès (1), mais il y a dans ses accents autant de

---

(1) Voir à ce sujet le beau passage des Commentaires latins que nous avons traduit, II⁰ partie, page 154, et dans lequel Dolet affirme avec un ardent enthousiasme sa confiance dans le développe-

mouvement littéraire que d'impulsion de cœur. Les grands problèmes de la morale et de la politique, de l'autorité et de l'obéissance, des obligations et des droits lui sont à peu près étrangers. Il a durement critiqué les docteurs de Sorbonne et les moines dissipés, mais sa verve ne s'est jamais haussée comme celle de Rabelais jusqu'à censurer les papes, les rois, les juges, les éducateurs, et jusqu'à combattre la masse des préjugés, des abus et des ridicules.

Dur pour lui-même, il fut incapable de cette chaleur intérieure qui fit composer à Ronsard un discours « sur les misères du temps ».

En un mot, son attention se détourna presque entièrement de tout ce qui ne touchait pas à l'érudition, et ne s'appliqua avec profit qu'à la science classique.

Mais il est juste d'observer que le titre d'érudit avait alors une très haute signification. Les humanistes, trop épris de l'art de bien dire, semblent avoir joué un rôle secondaire. Ils ont, en effet, accordé une importance exagérée aux mots et aux questions de forme. Cependant, leurs études ont de beaucoup dépassé la

---

ment continu de l'esprit humain et sa foi dans un avenir meilleur. Il viendra un jour, conclut-il, où grâce aux progrès accomplis, « *il ne manquera rien à Platon pour le bonheur de sa République* »

portée ordinaire des travaux de rhétorique. L'enthousiasme pour les mots préludait à l'enthousiasme pour les idées. Il n'était pas possible de commenter l'ampleur des périodes, l'harmonie et la beauté verbale des œuvres de Virgile, de Platon, de Sénèque, de Tacite, de Lucrèce, de Cicéron, sans se familiariser avec les grandes pensées antiques.

C'est en dépouillant les archives gréco-latines, c'est en épuisant les auteurs anciens jusque dans leurs ornements, que les humanistes ont réveillé l'esprit humain d'un engourdissement séculaire et l'ont débarrassé de la poussière des joutes scolastiques. Ils ont peu bâti, mais ils ont déblayé. Ils ont peu conçu, mais en brisant les entraves du raisonnement, ils ont préparé les éléments de la pensée moderne.

Dolet eut les défauts des lettrés de la Renaissance, mais posséda à un degré éminent les qualités qui les ont distingués.

Ses travaux sont caducs; en leur temps, ils ont été utiles et même agréables. En les parcourant, on découvre que l'auteur, contrairement à la croyance générale, n'a pas combattu la religion ou proclamé la supériorité de la raison sur la foi. Il ne s'est point dressé contre les dogmes, et l'on pourrait presque s'étonner que l'esprit général de son œuvre n'ait pas suffi à le préserver du bûcher. Il fallait d'étranges lunettes pour apercevoir dans ses ouvrages des raisons de le traiter comme un adversaire déclaré de l'Église catholique.

Mais, en principe, l'Église était hostile aux humanistes, parce qu'ils portaient, même sans le vouloir, atteinte à son prestige. En popularisant les chefs-d'œuvre de l'antiquité, en les admirant sans réserve, ils opposaient pour ainsi dire la civilisation païenne à la civilisation chrétienne et apprenaient à la foule enthousiaste des écoliers que, dans le paganisme gréco-romain, de vertueux philosophes avaient formulé et propagé des règles morales assez élevées pour satisfaire toutes les inquiétudes et les délicatesses de la conscience.

Le pouvoir religieux, mal disposé à l'égard des humanistes, supporta plus impatiemment que jamais le bruit de leurs discussions littéraires, lorsque vint s'y ajouter le fracas des discussions du protestantisme. Il aperçut des ennemis de tous côtés. « Les eaux de Siloé, disait-il, coulaient en silence, et l'on n'entendait ni le bruit du marteau, ni celui de la cognée, quand Salomon construisait le temple de la Sagesse ». C'est pourquoi un lettré qui ne se signalait pas, dans ses écrits ou dans sa vie privée, par une orthodoxie et un zèle étroits, était aussitôt suspect et plus que tout autre désigné aux rigueurs de l'autorité ecclésiastique.

Les défiances que Dolet pouvait inspirer aux gardiens du dogme furent particulièrement accrues et envenimées par les ennemis de toutes sortes qui ne cessèrent de l'entourer. Sans leurs manœuvres, qu'inspiraient d'âpres désirs de vengeance, le fanatisme se fut peut-être moins cruellement exercé contre lui.

En butte à des haines multiples, il tomba sous les efforts complexes d'une puissante coalition.

L'Inquisition porta les premiers coups, et il n'a point dépendu d'elle qu'ils ne fussent définitifs; mais nous avons vu, qu'en fin de compte, ce fut le Parlement de Paris qui se chargea de sacrifier Dolet à l'ardeur intolérante des passions religieuses.

Pour imposer la foi par la force et aux lueurs des bûchers, les juges laïques prêtaient main-forte aux juges ecclésiastiques. Aussi bien que les lois religieuses, les lois civiles étaient inspirées de l'idée judaïque que l'homme peut attenter à la dignité de Dieu et qu'il est nécessaire et méritoire de venger la divinité outragée. Les plus sauvages arrêts ne soulevaient aucune indignation. Les mœurs au xvie siècle étaient encore très rudes et acceptaient une justice pénale aussi sommaire que barbare : on rouait, on empalait, on pendait, on brûlait, on écartelait et on torturait. Les voleurs pris en flagrant délit étaient pendus à la fin de l'audience, dans les enclos même des tribunaux. Pour les menus larcins, on se contentait de trancher le poing. Aux faux témoins, on coupait la langue. Selon le sentiment général, il était légitime d'assimiler à des crimes les délits de pensée et les atteintes au principe d'autorité ; lorsque les Parlements les réprimaient avec une rigueur atroce, nul ne protestait. Le peuple, respectueux et trop ignorant se taisait. Quant à la classe dite éclairée (bourgeois et nobles), elle se taisait aussi : le plus grand nombre approuvait tacitement, le reste tolérait par crainte.

C'est ainsi que le fanatisme a pu, à l'abri des formes légales, se porter aux plus graves violences et commettre des excès aussi déplorables que la condamnation d'Étienne Dolet.

Mais, en frappant de tels coups, le fanatisme devait un jour inspirer de l'horreur et faire éclore enfin la vertu de tolérance.

Déjà un poète de la Renaissance écrivait (1) :
Les cendres des brûlés sont précieuses graines,
Qui, après les hivers noirs d'orage et de pleurs,
Ouvrent, au doux printemps, d'un million de fleurs
Le baume salutaire, et sont nouvelles plantes,
Au milieu des parvis de Sion florissantes.
Tant de sang que les rois épanchent à ruisseaux,
S'exhale en douce pluie et en fontaines d'eaux,
Qui, coulantes aux pieds de ces plantes divines,
Donnent de prendre vie et de croître aux racines.

Les juges qui infligèrent à l'humaniste le châtiment d'un criminel et le condamnèrent à mort, ont cru flétrir sa mémoire. Ils n'ont réussi qu'à la poétiser et à la perpétuer.

Le bûcher a été pour Dolet un piédestal. L'injustice et le retentissement de sa mort ont plus fait pour sauver son nom de l'oubli que tous ses ouvrages réunis. Il lui était réservé de recevoir la gloire des mains mêmes de ceux qui l'envoyaient au supplice. Sa tragique destinée devait réaliser son rêve d'immortalité.

Si le souvenir d'une indigne persécution ne s'attachait à Dolet, on peut croire que les lettrés, seuls, connaîtraient aujourd'hui son nom. C'était, diraient-ils, un très estimable érudit du

---

(1) Agrippa d'Aubigné (*Les Tragiques*).

xvi⁰ siècle, grand latiniste, philologue passionné et d'ailleurs éminent. Il aima la philosophie, mais bien plus la rhétorique. Ce savant fut infatigable au travail, énergique et hardi dans l'action, mais il ne sut pas attendrir son humeur. Il fut tranchant, vindicatif, orgueilleux et inquiet.

Il n'aurait guère subsisté que ce bref jugement porté par quelques hommes studieux, si la misérable fin de Dolet ne lui eût valu une renommée plus bruyante.

Mais par un étrange destin, notre siècle a rouvert son procès. Il suscite d'ardentes polémiques. Pas plus que ses contemporains, la postérité ne peut juger Dolet sans prévention. Il est apprécié, après sa mort, comme il le fut pendant sa vie : les uns le décrient, d'autres l'exaltent. La légende l'abaisse et la légende le grandit : toujours, elle le dénature. Le Dolet qu'elle a créé ne ressemble pas au Dolet qui se lève de ses écrits et que révèlent ses actes.

Un panégyriste (1) est allé jusqu'à en faire « le Christ de la pensée libre ». Des critiques moins fougueux l'ont honoré du nom de martyr. C'est encore une exagération. L'huma-

---

(1) J. Boulmier.

niste n'a pas affronté la mort pour défendre une idée. Nous avons vu même qu'il ne comprenait pas la belle opiniâtreté de ceux qui sacrifiaient leur vie à leurs croyances. Pour lui, il n'atteste rien, ne nie rien. Aux prises avec les autorités religieuses, il ne soutint aucune opinion hétérodoxe. Il se déclara, au contraire, « fils d'obédience envers l'Eglise », ajoutant qu'il aimait « ses saincts décrets ». Quand on lui demanda de rétracter ses prétendues erreurs, il s'exécuta docilement.

Mais si le malheureux Dolet ne fut pas un martyr, au sens strict du mot, comme Michel Servet ou Giordano Bruno, brûlés pour avoir refusé de rétracter leurs opinions métaphysiques, qu'il nous soit cependant permis, à nous, qui avons scruté sa pensée et sa vie, de lui donner un titre aussi touchant, celui de victime.

TABLE DES MATIÈRES

Avant-propos . . . . i à iv

Première Partie

La Vie

                                                          Pages

I. — Les débuts 3
II. — Toulouse. — Premier emprisonnement. 8
III. — Lyon. — Premiers ouvrages. — La querelle des Cicéroniens. 34
IV. — Une déplorable affaire 42
V. — Le maître imprimeur. — Une grève. 51
VI. — Un emprisonnement de quinze mois. 63
VII. — Un complot. — Une évasion . . 82
VIII. — Le procès final 92
IX. — Le supplice 110

Deuxième Partie

L'Œuvre

                                                  Pages

I. — L'Orateur.
    Deux discours 119

II. — Le poète latin.
    Premières poésies 125
    Nouvelles poésies 133

III. — Le polémiste et le critique.
    Le dialogue cicéronien 137

IV. — Le philologue et le grammairien.
    Les Commentaires de la langue latine 147
    Observations sur l'Eunuque et l'Andrienne 155
    Formulaire de locutions latines . 157
    Travaux de grammaire française. 157

V. — L'exégète.
    Caton chrétien 161

VI. — Le moraliste.
    L'avant-naissance de Claude Dolet 164

VII. — L'historien.
    Les gestes de François de Valois, roi de France 175

VIII. — Le traducteur.
    Les lettres familières de Cicéron. 187
    Les questions Tusculanes . . . 191

L'Axiochus et l'Hipparchus . .	194
IX. — Le poète français.	
Le second Enfer	200
X. — Le dernier chant	209
XI. — Ouvrages divers	214

Troisième Partie

Caractère et Croyances

I. — Son caractère.	221
II. — Ses amis	248
III. — Ses ennemis et ses protecteurs . .	270
IV. — Ses croyances	295
Conclusion	329

AUXERRE-PARIS. — IMPRIMERIE A. LANIER

www.ingramcontent.com/pod-product-compliance
Lightning Source LLC
Chambersburg PA
CBHW050806170426
43202CB00013B/2588